四特 教育系列丛书 SITEJIAOYUXILIECONGSHU

U0636304

学生热爱劳动教育

萧 枫 姜忠喆◎主编

特约主编： 庄文中 龚 玲

主 编： 萧 枫 姜忠喆

编 委： 孟迎红 郑晶华 李 菁 王晶晶 金 燕

刘立伟 李大宇 赵志艳 王 冲

王锦华 王淑萍 朱丽娟 刘 爽

陈元慧 王 平 张丽红 张 锐

侯秋燕 齐淑华 韩俊范 冯健男

张顺利 吴 姗 穆洪泽

左玉河 李书源 李长胜 温 超

范淑清 任 伟 张寄忠 高亚南

王钱理 李 彤

"四特"
教育系列丛书

 吉林出版集团有限责任公司

图书在版编目(CIP)数据

学生热爱劳动教育/《"四特"教育系列丛书》编委会编著. - - 长春:吉林出版集团有限责任公司,2012.4

("四特"教育系列丛书/庄文中等主编. 班主任治班之道)

ISBN 978 - 7 - 5463 - 8777 - 2

Ⅰ.①学… Ⅱ.①四… Ⅲ.①中小学生 - 五爱教育 Ⅳ.①G631

中国版本图书馆 CIP 数据核字(2012)第 043977 号

学生热爱劳动教育

责任编辑	孟迎红　张西琳	
责任校对	赵　霞	
开　本	690mm×960mm　1/16	
字　数	250 千字	
印　张	13	
版　次	2012 年 4 月第 1 版	
印　次	2018 年 2 月第 1 版 第 2 次印刷	
出　版	吉林出版集团股份有限公司	
发　行	吉林音像出版社有限责任公司	
	吉林北方卡通漫画有限责任公司	
地　址	长春市泰来街 1825 号	
	邮　编:130062	
电　话	总编办:0431 - 86012906	
	发行科:0431 - 86012770	
印　刷	北京龙跃印务有限公司	

ISBN 978 - 7 - 5463 - 8777 - 2　　　　定价:39.80元

前　言

　　学校教育是个人一生中所受教育最重要的组成部分,个人在学校里接受计划性的指导,系统地学习文化知识、社会规范、道德准则和价值观念。学校教育从某种意义上讲,决定着个人社会化的水平和性质,是个体社会化的重要基地。知识经济时代要求社会尊师重教,学校教育越来越受重视,在社会中起到举足轻重的作用。

　　"四特教育系列丛书"以"特定对象、特别对待、特殊方法、特例分析"为宗旨,立足学校教育与管理,理论结合实践,集多位教育界专家、学者以及一线校长、老师们的教育成果与经验于一体,围绕困扰学校、领导、教师、学生的教育难题,集思广益,多方借鉴,力求全面彻底解决。

　　本辑为"四特教育系列丛书"之《班主任治班之道》。班主任是教师队伍的重要组成部分,是班级工作的组织者、班集体建设的指导者、学生健康成长的引领者,是思想道德教育的骨干,是沟通家长和社区的桥梁,是实施素质教育的重要力量。班主任工作是学校教育中极其重要的育人工作,既是一门科学,也是一门艺术。班主任工作既包括日常的教学管理,也包括班级文化建设。

　　本辑共20分册,具体内容如下:

　　1.《管好班干部》

　　班干部是班集体的核心,也是班级的"火车头",这个"头"带的好不好,马力足不足,直接影响到整个班级的运转。有了优秀的班干部队伍,班级各项工作就会顺利开展,班级面貌就会生机勃勃;反之,班级就是一盘散沙,集体就会涣散无力。因此,如何培养一支素质高、能力强的班干部队伍,显得尤为重要。本书对班主任如何管理好班干部进行了系统而深入的分析和探讨,并提出了解决这一问题的新思路、可供实际操作的新方案,内容翔实,教案丰富,对中小学班主任颇有启发意义。

　　2.《带班的技巧》

　　本书讲述的常见问题与解决策略,绝大多数来自新时期一线班主任的教育实践,因此,其实用性和可操作性是不言而喻的。同时.本书又不拘泥于就"问题"论"问题",而是透过现象看本质,善于引导新班主任们看到问题背后更深层次的东西,从而看得更远、想得更深、悟得更多。

　　3.《全能班主任》

　　优秀的班主任是如何炼成的? 他们的成长要经过多少道磨练? ……本书对优秀班主任成长必经的多项全能进行了深刻剖析与精彩演绎。

　　来自一线最真实的问题,来自一线最优秀班主任的"头脑风暴",来自全国著名班主任的点拨，使得本书在浩如烟海的班主任培训用书中脱颖而出。

4.《拿什么约束班主任》

班级是学校进行教育、教学工作的基本单位。班主任是班集体的组织者、教育者和指导者，是学校领导实施教育、教学计划的直接执行者，是指导团队开展工作的重要力量，是沟通学校、家庭、社会三结合教育渠道的桥梁。为了能更好地体现新课程改革对班主任工作的要求，进一步规范班主任工作的管理，明确班主任工作职责，促进班级工作的开展，建立良好的班风、校风，班主任教师除了在工作中讲究技巧性和艺术性外，还应该有严格的工作要求与便于实践操作的基本规范。

5.《班主任的基本功》

班主任工作十分繁杂，头绪很多，要想成为一名优秀的班主任，应当从事务堆中解脱出来，始终保持清醒的头脑，以明确自己的使命。本书全方位地阐述了新时期做好班主任应具备的各方面要素；它从班主任实际工作出发，从工作中出现的问题入手，再到详细地分析问题的成因，最后提出解决问题的方法、策略或建议。本书反映了我国新时期有关班主任工作的方针、政策的新动向，反映了班主任教育理念发展的新趋势，同时也反映了班主任工作实践活动的新发展。

6.《从细节入手》

班主任是班级的组织者、协调者、领导者和教育者，他是距离学生最近、与学生接触最多、对学生影响最大的老师。他的管理、他的教育影响的发挥在很大程度上取决于对教育细节的把握。细节虽小，却能透射出教育的大理念、大智慧。一个成功的班主任，一定是一个关注细节、善于利用细节去感染、教育和管理学生的人。

7.《班主任谈心术》

当前，青少年心理健康问题已成为全社会越来越关注的焦点。因青少年心理问题引发的违法犯罪等社会问题，也呈日趋上升的态势。现代教育的发展要求教师"不仅仅是人类文化的传递者，也应当是学生心灵的塑造者，是学生心理健康的维护者"。作为一班之"主"的班主任，能否以科学而有效的方法把握学生的心理，因势利导地促进各种类型学生的健康成长，将对教育工作的成败有决定性的作用。但是，面对性格迥异，出身、家庭等各有不同的学生，如何走进他们的心灵、倾听他们的心声、解决他们的思想问题？本书将一一为您解答。

8.《班主任治班之道》

班级是学校的基础"细胞"。班级管理搞好了，学校的教育、教学工作才会得以顺利。正如赫尔巴特所说："如果不坚强而温和地抓住管理的缰绳，任何功课的教育都是不可能的。"可见班级管理工作是多么的重要。而班主任作为班级的组织者、管理者，做好班级的管理就成为班主任工作的重中之重。

9.《怎样开好班会》

主题班会可以锻炼学生的活动能力,开拓他们的眼界。如何设计好一场别开生面的主题班会,寓教于乐,从思想上和情感上润物无声,对学生起到特殊的教育作用,这本手册是您的最好选择。分类细,立意精,内容新,一册在手,开班会不愁!

10.《突发事件应对》

书中列举的大量真实生动的案例,无不充满智慧,充满心与心的交流。书中的一幕幕校园闹剧,让人有种似曾相识的感觉;书中老师的"斗智斗勇",让人感到耳目一新,由衷叹服,不禁感慨教育真是一门充满智慧的学问!

11.《学生人格教育》

本书从人格类型入手,对教师和学生的人格类型进行了划分;再结合大量实证研究和教学实践个案,提出了教师应如何巧妙地根据学生的心理类型,在全班教学的同时又针对类型差异,进行适应个别差异的教学和管理,以满足学生的需要来激发学生的学习兴趣,进而提高教学效率,使每个学生得到适合自己的发展。阅读本书,教师不仅能够掌握更有效的教学方式、让学生喜欢上学习、提高教学质量,而且能够对自己有更进一步的了解,有利于教师的自我成长。

12.《学生心理教育》

当前我国教育改革和发展面临的重大任务和时代主旋律,是全面实施和推进素质教育。素质教育的重要内容和目标之一,就是培养学生良好的心理素质,提高学生的心理健康水平。而要想培养和发展学生的心理素质,最重要的方法就是面对全体学生系统地开展心理健康教育。本书就是一本供中小学生心理健康教育用的书,有助于引导中小学生领悟到相关的理念、知识和方法。

13.《学生遵纪守法教育》

对广大青少年的遵纪守法教育应根据其认识水平,从纪律教育入手,让他们从小建立起规则意识。而且要明确所在学校的校规,所在班级的班规;要了解学校的各种制度。由学校的一些纪律制度,推而广之,让青少年对必要的社会公共秩序的规定也要有所了解。同时,要青少年明白人小也要守法。本书以青少年为主要读者对象,目的是让青少年读者感受到遵纪守法的必要性。

14.《学生热爱学习教育》

本书通过大量实例,深入浅出地剖析了动机的重要性和来源,教您如何激发学生投入学习的动机,怎样鼓励学生完成学习任务,还告诉您怎样及时遏制学生在课堂上的不当动机。掌握了激发学生学习动机的策略之后,您会发现,让学生都爱学习,已不再只是梦想,它正在慢慢变为现实。

15.《学生热爱劳动教育》

教育与生产劳动相结合是我党教育方针的重要组成部分,是我们坚持社会主义教育方向的一项基本措施。要搞好教育与生产劳动的有机结合,必须首先教育学生热爱劳动,使每个学生对劳动产生渴望,感到劳动是一种欢乐,是一种享受。当学生能从劳动中取得乐趣时,劳动教育才算获得成功。

16.《学生热爱祖国教育》

热爱祖国是中华民族的传统美德,是每个公民的神圣义务。"以热爱祖国为荣,以危害祖国为耻"不仅是一个普通的道德准则,也是公民的生活规范。爱国主义是维护中华民族大团结,促进社会大发展的主要精神动力,是中华民族最基本、最重要的传统美德。爱国主义,也是对自己祖国和人民的深厚感情。

17.《学生热爱社会教育》

构建社会主义和谐社会,必将为青少年健康成长创造一个优良的社会环境。同时,加强青少年社会教育,促进青少年健康成长,对于促进社会主义和谐社会建设,也具有十分重要的意义。社会的持续发展,持续和谐,在很大程度上取决于今天的青少年能否成为未来社会的合格成员,而培养合格的社会成员,仅靠学校教育、家庭教育是不够的,必须坚持学校教育、家庭教育和社会教育相结合。

18.《学生热爱科学教育》

当你们看着可爱的动画片,玩着迷人的电脑游戏,坐上快速的列车,接听着越洋电话的时候,……你可曾意识到科学的力量,科学不仅改变了这个世界,也改变了我们的生活,科学就在我们身边。科学技术的日新月异,使得科学不只为尖端技术服务,也越来越多地渗透到我们的日常生活之中,这就需要正处于青少年时代的我们热爱科学,学习科学。

19.《学生热爱环境教育》

我们不是从祖先那里继承了地球,而是从子孙那里借用了地球。宇宙无垠,地球是一叶扁舟,人类应该同舟共济。地球能满足人类的需要,但满足不了人类的贪婪。森林是地球的肺,我们要保护森林。水是生命的源泉,珍惜水源也就是珍惜人类的未来。拯救地球,从生活中的细节做起。对待环境的态度,表现着一个人的素质和教养。人类若不能与其它物种共存,便不能与这个星球共存。幸福生活不只在于衣食享乐,也在于碧水蓝天。

20.《学生热爱父母教育》

专家认为教育首先是让孩子"成人",然后再是"成才"。要弄清成绩、成人与成才三者的关系,谨防"热爱教育"缺失造成的心灵成长"缺钙"现象。对一个孩子健全人格的培养,最关键的要让他做到几点:热爱父母,能承受挫折、吃得起苦,有劳动的观念。热爱父母,才能延及热爱社会、热爱人生。

由于时间、经验的关系,本书在编写等方面,必定存在不足和错误之处,衷心希望各界读者、一线教师及教育界人士批评指正。

编者

目　录

1

3

1. 学生劳动观念的培养指导

如果问："劳动光荣吗?"相信很多教师都会说:"劳动光荣。"劳动的作用是什么? 恩格斯早就说过:"劳动创造了人类。"劳动是人类生存的最基本活动,它既创造了社会财富,又为社会发展奠定了坚实的基础。每个人都必须从事一定的劳动并在其间发挥自己的创造性,才能立足于社会。所以现在世界各国的初等教育都比较重视劳动教育课,但是劳动教育在我们的实际生活中又怎样的呢?

学生劳动的现状

在我们的周围不难发现,很多孩子都不喜欢劳动甚至不会劳动。在班主任工作中,每天放学后的值日情况都要在旁监督或者督促,经常会发现所谓的完成值日后,教室里仍然不干净,现在的孩子连最基本的生活技能也不会,他们长大了怎么立足于社会? 孩子们为什么如此不愿意劳动?

出现目前这种劳动现状的原因

(1)社会上的不良思想的影响。在媒体上看到一则新闻:"雅虎"到人才市场招聘大学毕业生,当招聘方问到"愿不愿扫地"时,竟惹恼了不少大学生。一位自称"可以胜任任何职业"的学生愤然离席,然后又折回来怒斥招聘方:"你们对大学生如此无礼,肯定招不到人才!"如此轻视劳动的现象还可以经常看见和听见。当看见环卫工人时,一些父母会说:"看见没有,不好好学习,将来你就像他那样。"孩子的思想认识和观念就这样被扭曲了。热爱劳动成了"另类"也就"见怪不怪"了。另外,在我们的报刊、电视里,对体育明星、电影明星宣传得很多,而对劳动模范则宣传得太少了。

(2)家庭教育的不当后果。现在普遍存在学生轻视劳动现象的问题，父母的家庭教育的不当是其原因之一。长期以来，由于受"应试教育"的影响，家长只要求孩子埋头读书，不让子女参加家务劳动和公益劳动，在父母的眼里，孩子的学习永远是第一位的，孩子应该做的事，家长们都"代劳"了。加之大多是独生子女，许多孩子从小就形成了"饭来张口、衣来伸手、弱不禁风、厌恶劳动"等不良习惯，生活自理能力很差。家庭对独生子女的过度呵护，造成学生劳动上的依赖，严重的重智轻劳倾向，也造成了学校在劳动教育上的偏失。

（3）学校教育的偏失后果

①教育思想的偏差，用劳动代替惩罚，劳动观念无形中被扭曲，在平时的教育教学中，一些教师经常将劳动作为惩罚学生的方式，学生迟到、早退，罚擦黑板一周；学生打架，罚打扫卫生区半个月；甚至考试成绩不理想，也要罚倒垃圾一周，如此等等，把本应由全体同学共同承担的班级劳动强加到部分违纪学生的身上，长此以往，自然就在学生头脑中形成了"调皮捣蛋和学习差的学生才劳动"的不正确观念。

②教育课程与生产劳动、社会实践的有机结合较少，在中小学教育课程中也开设了一些相应的简单劳技课程，但是大多形同虚设。只是简单介绍劳动过程和步骤，没有开展实际劳动活动，相当于纸上谈兵，另外学校的配套设施也无法跟上。一般上劳动课我们要求学生自己带劳动工具，一旦学生不带，那么课怎么上？如果学校的劳动室能真正起作用，里面的劳动工具是齐的，劳动课不就能落实了吗？可事实上，学校的劳动室真正用过几次？里面有和教材配套的设施么？

我们的教育如果长久如此，人人不爱劳动，社会还会进步和发展吗？《中共中央、国务院关于深化教育改革全国推进素质教育的决定》指出："学校教育不仅要抓好智育，更要重视德育、美育、劳动教育和社会实践。"可见，在学生中进行劳动观念的教育是素质教育的重要内容之一，是生活发展中每一个人所必须具备的生活素质。

劳动的重要性

（1）劳动是人类生存和发展的基本条件。21世纪是一个竞争更趋激烈的时代，联合国教科文组织在对数十个国家的教育进行考察后郑重提出了"生存教育"，这表明一个人如果没有较高的劳动素质，一定的自理能力、动手能力和创新能力，就不能适应现代社会的要求，将会被社会无情的淘汰。

（2）对孩子的成长有着不可忽视的作用。劳动是德、智、体、美、劳全面发展的一条重要途径，手脑并用的劳动训练是发展思维的良好手段，是促进智力发展的实践活动。在劳动中不仅能使学生理解生活的意义，而且能认识自己的力量和才能，珍惜因劳动得到的荣誉，产生自尊感和尊严感。孩子通过自我服务劳动和家务劳动，美化了自己的学习生活环境，从而体会到劳动带来的乐趣。

采取积极有效的措施开展劳动教育

（1）思想上树立正确的劳动观念。劳动有体力和脑力劳动之分，培养正确的劳动观念特指培养重视和热爱体力劳动并形成相应观念的教育，让青少年对体力劳动有一个正确的态度和认识。体力劳动是人类社会活动的基础，是社会进步和发展的前提条件。离开了体力劳动，脑力劳动就无法与客观世界结合，就无法改造世界，没有体力劳动，人类就无法生存。

体力劳动与脑力劳动只是分工不同，不存在高低贵贱之分。我们要让学生懂得，没有劳动就没有我们人类的今天。人民的生活所需，哪一样不是劳动创造的？要让学生明白，劳动者最光荣。劳动没有贵贱之分，只有分工不同，每一个劳动者都应受到尊重。

（2）学习提升学生对劳动的感情

①营造和谐的家庭氛围，注意身教重于言教。孩子劳动意识的

培养关键在于教育者对劳动的观念如何。家庭是第一个课堂，父母则是孩子的第一任老师，父母对孩子的教育是至关重要的。家长必须意识到劳动对孩子成长的重要性。研究表明，早期的经验会影响其一生，一个生活在和谐、热爱劳动、崇尚劳动的家庭氛围中的孩子，在平时的生活中自然也会受到潜移默化的影响，自觉地以父母的行为做榜样，同时应多让孩子做些力所能及的劳动，不断增强子女的劳动意识，树立正确的劳动观。

②学校采取措施，重视提高劳动素质。学校的职责不仅仅是教学生们知识，从小培养孩子的热爱劳动的意识也是学校义不容辞的责任。学校是个育人的大集体，而班级是这个育人大集体中的一个小集合体。班级教育是学校教育的基本单位，班主任是在班级教学的基础上，结合学生学习、生活的实际情况开展有针对性的道德、励志、理想前途教育和人格培养，所以班主任要发挥自己学校德育教育的重要作用。要在一下方面开展学生的劳动教育：

（1）要注意教师的模范带头作用。"劳动光荣"并不仅仅是一句口号，它需要班主任的实际行动。在劳动观教育中，班主任不能只做夸夸其谈的"理论家"，更要成为脚踏实地的"实干家"。

（2）创建"人人爱劳动"的班风。感受劳动的美，利用班会课等多种形式培养学生的劳动观，创建"人人爱劳动"的班风。教唱一些劳动歌曲，让孩子们在歌曲中受到潜移默化的教育。每周和同学们一起探讨一些简单的劳动方法和技能，比如烧饭洗衣等家务劳动；安排学生在家中与父母一起共同劳动，并评选每周的劳动之星。这些都有利于提高学生的动手能力和劳动能力，而且能让孩子们懂得感恩，密切亲子关系，增进家庭的感情。

（3）教育中把劳动当奖励。不再作为惩罚的工具，我们要让学生知道在劳动面前"人人平等"，引导学生把劳动作为体现自身价值的重要渠道，感悟劳动创造的美妙心情，让劳动成为自身快乐的源泉。奖励学习进步的孩子为班级擦一天黑板；奖励课堂发言积极的孩子打扫一天卫生；奖励作业工整的孩子倒两次垃圾……让孩子真正感受到劳动最光荣！做到"以辛勤劳动为荣，以好逸恶劳为耻"。

（4）义务劳动中培养劳动观。学校劳动观念教育除了要教会学生一些简单的劳动理论，掌握一定的劳动和社会生活的技能，还应该让学生参加简单的劳动实践。因为让学生树立爱劳动就是爱自己的劳动观，仅仅靠口头教育是不够的，还必须通过一些实践活动来实现。

开设基础劳动技能科目

效仿国外在中小学教育课程中开始家务课，并用事实说话，切实加强学生的劳动观念，培养学生生活的技能，提高学生的素质，为学生今后生活打下基础，为日后成为社会人做准备。

记得日本国家教育孩子有句名言：除了空气和阳光是大自然的赐予，其余一切都要通过劳动才能获得，劳动意识和劳动能力是一个人最为宝贵的素质。劳动教育并不过时，让我们把劳动教育进行到底，让孩子们体验劳动的艰辛，劳动的快乐。

2. 学生热爱劳动品质的教育指导

爱劳动一直是中华民族的传统美德。中职阶段虽然不是义务教育，但是中职阶段对于大多数学生来说是全日制在校学习的最后阶段，是一个中职生成长的关键时期。在这一时期的学校教育中，要培养学生正确的劳动态度，养成良好的劳动习惯，这不仅关系到集体良好班风的形成，更关系到学生的健康成长。通过劳动活动对学生进行劳动习惯的培养，增强他们的劳动积极性，提高青少年的社会责任感，在劳动实践中学会做人、学会生活、学会动脑、学会创新。

培养学生的劳动兴趣和正确的劳动态度

那么如何培养学生热爱劳动呢？

（1）要教育学生热爱和尊敬劳动者，让他们认识各行各业劳动的社会价值，并从现在立志做个光荣的劳动者。

（2）要教育孩子爱惜劳动果实。要让孩子知道他吃的、穿的、用的、玩的都是父亲、母亲、叔叔、阿姨或前辈们劳动的结果，因而要珍惜。学生应该做到：吃饭不掉饭菜、随手关灯、节约用水、爱护图书、对家里的各种用品和自己的衣物鞋袜等要爱惜。要让孩子懂得这些用品、物件是经过许多人的劳动才制得的，不能随意浪费。

（3）要培养孩子的劳动习惯。不仅是为了让孩子掌握一些简单的劳动技能，更重要的是让他们从小就有劳动光荣、不劳而获可耻的观念和勤劳俭朴的品质。

培养学生良好的劳动习惯

那么如何培养中职生的劳动习惯呢？

（1）身教重于言教。人的一生一直处于受教育之中，父母是孩子第一任启蒙老师。入学之后老师是学生灵魂的工程师，老师的言行对学生起着潜移默化的作用。老师应该以身作则做好班级工作，并让学生觉得劳动是生活的一部分，像吃饭、睡觉一样的自然和必要。每个学生都是班级的一员，当学生参加了一些劳动之后，对班级的感情就不一样。老师现在也从管理型向服务型转变，也要增强劳动意识，潜移默化的影响学生的身体和心里发育。

（2）订适当的班规。班规作为班级成员共同遵守的生活规范和行为准则，常常是一种无声的命令，是潜在的强大教育力量。制定明确、合理、可行的班规，有利于学生的健康成长，它可以约束、帮助和教育学生在班级中形成良好的行为习惯。劳动是班规的内容之一。班规的条理一清二楚，写得明明白白。如每天起床后必须自己叠好被子，清理房间，打扫卫生等，班规也随着学生的成长而作改变。聪明的班主任总是让学生从小事做起，担当责任，履行义务，让学生在劳动方面日益成熟起来。

（3）及时进行鼓励。许多人都有一种要获得别人肯定和赞许的心理。教师应该有一双慧眼，及时发现每个学生每次劳动的一点点进步，并及时进行鼓励学生，尤其是鼓励和表扬那些没有其他特长性格内向平时受表扬很少的学生，并对他们的能力进行肯定，这对他们的成长有一定的好处。

比如你得知学生洗了水桶后，可称赞说：哇，这桶谁洗的呀，这么干净。在比如说，打扫教室卫生时，班主任可以一直观察，盯住平时表现不好的同学干了什么活，在劳动结束之后及时进行点名鼓励这些同学，教师这么做了，学生听了以后，比奖给他一块蛋糕还要甜得多，效果非常好。可以说"鼓励——价值连城。"

（4）放手让学生参加劳动。学生不参加劳动并非他们不愿意劳动，而是有些父母从小就不愿让他们参加劳动，连拖个地扫个院子也以为孩子干不干净，稍重一点的活就怕孩子累坏了身体，稍花些时间的活又以为会浪费时间、影响孩子的学业，更不愿让孩子参与。许多父母在孩子求学期间包揽了所有家务，只让孩子一心一意学习。殊不知，从小做家务的人的生活比不做家务的人要充实、幸福得多。而教育的秘诀却在于：使孩子的身体锻炼、思想锻炼、能力锻炼互相调节。只有让孩子的各种能力都得到锻炼培养，孩子才会处在健康成长之中。因此，学生住校离开父母是锻炼劳动意识的绝好机会。

（5）自我服务。学生住校之后，个人卫生，内务卫生都需要自己来完成，有的同学从来没有洗过衣服袜子和叠过被子，这正是学生学会自己做事的决好机会，不仅能做培养学生的劳动观念，还能培养学生独立生活的能力，更能促进学生独立性的形成和发展，使学生，尤其独生子女能及早摆脱对大人的过分依赖，养成好的劳动习惯，成为一个独立的社会成员。

（6）做家务。学生离开学校之后，家里的活就干得较少了，班主任要在每次的放假之前布置一些力所能及的家务劳动。例如，可让学生回家帮助家里种地、做饭、洗碗、洗衣服、打扫家里卫生；开饭时可让他们帮着搬凳子、摆碗筷；饭后让他们帮收拾清洗碗筷和收拾厨房；也可以让他们帮家长一起刮土豆皮、摘菜、洗菜；这些事情可以使学生感到十分快乐，觉得自己长大了，能帮助爸爸、妈妈干事情了。久而久之，就能养成良好的劳动习惯。

（7）参加公益劳动。随集体参加公益劳动也是培养学生增强劳动意识的一条途径。老师可以在天晴朗时带学生参加学校或社区居民区组织的一些公益劳动，例如，参加春天的植树、夏天的灭蚊蝇、秋天的除草、冬天的扫雪等；也可以带学生照顾附近的孤寡老人、军烈属；让他们为邻居做些力所能及的事情，以此来培养劳动习惯，增强公益爱心。

通过各种活动强化劳动态度，培养劳动习惯

（1）认领班内一项劳动项目。坚持完成，为了打破学生固有的"老师班长分配了，我就做；老师班长不分配，我就视而不见。"的观念，充分调动学生自主劳动的积极性，把班内的劳动项目一一列出，尊重学生的意见，由同学们自己选择，你愿意干什么工作，你就负责这一项。并且每组分设劳动组长，负责记录组员的劳动情况。从班里的每一扇窗户的明亮，到教室内外地面的清洁，到每一行桌椅的排列整齐，甚至讲台、电视柜、窗台上的每一盆花都有专人负责。这样做强化了学生的使命感，使学生意识到自己的职责是神圣的，自己完成自己想做的事是光荣的。

（2）组内评选劳动红旗手。利用班会课决定进行每周劳动红旗手的评比，条件为：1. 能够持之以恒；2. 劳动效果良好。只要达到这两个条件的同学，都可以被评为劳动红旗手。评比形式为小组评选。而劳动红旗手的评选促进了日常学生劳动的积极性，班内卫生状况日趋好转。随着劳动习惯的逐渐养成，班内卫生评比每周一次，渐渐变成两周一次，然后三周一次，学生能够坚持完成自己的本职工作，因为习惯了。

（3）校园绿色行动。为强化习惯的养成"心动不如行动"，让学生把热爱劳动的意识落实到行动上，更能强化学生劳动习惯的养成。利用业余时间打扫学校的公共区卫生：有捡瓶子的、有捡垃圾的、有扫地的、还有清理卫生死角的……当学生回到教室后，在教室里发现垃圾，都能够自觉的捡起来。通过这样的劳动实践活动，学生感受到劳动是光荣的，劳动是快乐的，从而逐渐养成自觉劳动的习惯。

（4）向家长反馈孩子的劳动表现。借助学校家长会，除了谈孩子的学习、生活、身心之外，要说上几句孩子劳动方面的表现，这样家长也可以全面的了解孩子的表现，并对劳动方面表现好的学生向家长报告学生的进步。鼓励学生做好假期在家劳动的安排，请学生在开学时交回《致家长的一封信》反馈表。这一活动将对学生的劳动习惯的培养由学校延伸到家庭。向家长发出倡议，建议给学生更多的劳动锻炼机会，这对学生的成长是非常有利的。

恰当的运用各种手段，通过丰富多彩的活动，把培养劳动态度与习惯与班级体各项活动紧密联系，而不是空洞的说教，以激励为主，逐渐建立以劳动为奖励的机制，而不是以劳动为惩罚，可以有效的端正学生的劳动态度，培养良好的自觉劳动习惯。使学生端正劳动态度，认识到劳动是中职生必不可少的一项工作，因为我们将来的定位就是技术工人，并且在逐步养成良好的劳动习惯。

3. 学生热爱劳动的品质培养

　　热爱劳动，戒奢尚俭是一种民族精神，是华夏人民经过上下五千年所得出的真知灼见，是炎黄子孙最引为自豪的优良传统。"八荣八耻"中也强调了：以艰苦奋斗为荣，以好逸恶劳为耻。我们更应响应号召，发扬勤俭节约的美德。

　　（1）坚持把德育放在首位。成才先成人，这已成为学校、家庭、社会的共识。因此我们教育必须坚持把德育放在首位，就是坚持思想教育，重视政治思想和品德的培养，在学校的各项工作中渗透德育，我们做到教书育人、管理育人、服务育人。

　　（2）坚持勤俭节约热爱劳动。把"勤俭节约、热爱劳动"落实到学生日常行为规范上，通过组织学生参与"学会做人"行动的系列活动，以"请把我关紧，别让我流泪"、"监护水源，保护水源就是保护生命"、"随手关灯省一度电，少一份污染"、"节用电器，为减缓地球暖化出一把力"、"珍惜纸张一就是珍惜森林与河流"等适用小学生的公民环保公约，使学生得到打动身心的教育。

　　（3）以实例促学生思想发展。通过讲解领袖等革命事迹如：毛泽东做为国家主要领导人他一生粗茶淡饭、睡硬板床、穿粗布衣、生活极为简朴，一件睡衣竟然补了 73 次、穿了 20 年。经济困难时期，他自己主动减薪、降低生活标准，不吃鱼肉、水果。上世纪 60 年代，有一次他召开会议到中午还没有结束，他留大家吃午饭，餐桌上一大盆肉丸熬白菜、几小碟咸菜，主食是烧饼。

　　伟人在勤俭节约方面为国人做出了表率。周总理也这样做出要求："一切招待必须是国货必须节约朴素，切忌铺张华丽、有失革命精神和艰苦奋斗的作风"。当时，国人都把勤俭节约作为做人和干事业的行为准则，自力更生、艰苦奋斗。然而随着我国国力的增强和生活的改善，有些人把勤俭节约的优良传统丢了。

当前社会上有超越现实、盲目攀比的畸形消费；斗富摆阔、一掷千金的奢靡消费；过度包装、极度美化的蓄意浪费；"长明灯"、"长流水"的随意浪费等现象更是比比皆是、不胜枚举。在这种情况下，我们应该时刻保持自己清醒的头脑，不去盲目跟风，不做超出我们经济能力的各种消费。要知道：由俭入奢易，由奢返俭难。如果我们养成了这种铺张浪费的习惯，即便是有金山银山，也满足不了我们日益增长的需求。大手大脚的花钱，对于各种劳动的逃避，非但不是一个人所谓"个性"、"能力"的象征，更是一种让我们值得为此感到羞耻的不良行为。

（4）以评比促学生养成好习惯。实事求是地适度消费，不盲目追求"名牌"，不大手大脚，奢侈浪费，从节约一分钱、一粒粮、一度电、一滴水做起。即使家庭条件再优越，也不应攀比，成为学校的"大款"，社会中的"贵族"。这些都是我们班级"节约标兵"评选的标准，有了标准才能更好的实施。

（5）让学生在劳动实践中培养习惯

①教育学生自己能做的事情自己做。家长、老师应要求和指导孩子从小学会料理自己的生活，如叠被、钉扣子、整理书包等。孩子开始做这些事情时，难免不像样，家长、老师不能讥笑讽刺，更不能责骂，否则就会刺伤孩子的自尊心，打击孩子参与劳动的积极性，从而诱发厌恶劳动的心理。当孩子的劳动有不足时，家长、老师应首先肯定孩子，然后耐心、亲切地指其出差错的原因，并当面示范，教给孩子一些劳动的方法和技巧。

②教育学生帮助父母做家务。家长应及时安排孩子做一些适合其能力的家务劳动。如吃饭时排筷子、端饭菜、洗碗、扫地倒垃圾、购物等。不论事情的大小轻重，每一件家务事尽可能都让孩子参与，每一件家务事都让孩子试一试。这样，孩子不但会提高做家务事的动手

能力，而且更重要的是会逐步增强家庭责任感——我是家庭的一员，家庭中的事我有责任承担。

③教育学生集体的事情抢着做。家长、老师应支持鼓励孩子参加学校和社会的公益劳动，如打扫教室和校园、植树种花以及各种社会公益服务劳动。这是培养孩子集体观念和社会责任感的重要途径。在这方面，家长首先要纠正一种错误观念：认为孩子只要学习好就行了，多做集体的事是吃亏的。家长应该懂得这样道理：你的孩子为集体为社会服务得多，得到集体和社会的回报也会多，因为一个人在集体和社会中的地位决定于你对集体和社会的贡献大小。

崇尚热爱劳动，戒奢尚俭，有利于我们提高自身的修养。艰苦朴素、勤俭节约可以磨炼意志，陶冶情操，增强人的责任感、进取心。

4. 培养孩子爱劳动习惯的方法

做勤劳爸爸，培养孩子爱劳动的习惯－－劳动创造财富，锻炼人的思维能力、动手能力、协调组织能力。童年是培养孩子劳动习惯的最佳时期。

家教案例

王灿很小就学会了自己穿衣、吃饭，6岁时，他负责给家里的盆景浇水，7岁时，每天清晨，他要早早起床到楼下取报纸和牛奶。爸爸看着他一天天地变化，一天天地独立，心里很高兴。

爸爸常跟他讲自己当年勤工俭学的故事，王灿也激发了劳动热情，他选择在暑假打工赚零花钱。王灿热爱劳动，爸爸也一直支持他。现在，王灿只有13岁，却已经有了1万块的存款，这些都是他通过劳动赚取的。

王灿独立性强，品学兼优，个性坚强乐观。他最大的特点是勤奋，无论是在学习上、生活中，王灿都愿意以勤奋获得最优的成绩。

劳动能够提高孩子的技能，开阔孩子的视野，培养孩子勤俭节约的品质。孩子的许多生存技能都是在劳动中获得的，劳动给了孩子许多书本上学不到的东西。劳动能够让孩子感到充实、幸福，还能有效调节大脑。

童年是培养孩子劳动习惯的最佳时期。这个时期的孩子好奇心强，模仿性强，活泼好动，正是进行劳动教育的好时机。劳动并非和痛苦相连，它也可以是愉悦的体验。爸爸要做的事就是让孩子感觉到劳动的愉悦，让孩子借助童年时对劳动的美好体验，走上热爱劳动的道路。

孩子不能只一心学习不爱劳动，劳逸结合才能发挥潜能。一个热爱劳动的孩子，他的综合能力才会显著提升。

（1）培养孩子"劳动光荣"的意识。孩子要形成勤劳的品质，需要具有"劳动光荣"的观念。爸爸要让孩子在劳动过程中拥有一种充实、幸福、愉悦的感觉。劳动给孩子带来了美好的体验，孩子也就会喜欢上劳动。

"劳动光荣，懒惰可耻"是孩子要从小铭记于心的。孩子要明白劳动是一切财富的来源，人的劳动是创造世界的活动。孩子认识到劳动的光荣、伟大，才会喜欢做个勤劳的人。

（2）让孩子学会"自己的事情自己做"。孩子的自我服务也属于劳动范畴。爸爸鼓励孩子从小学会生活自理，就是在鼓励孩子劳动。在孩子两三岁时爸爸就让孩子开始"自己的事情自己做"，并及时鼓励孩子的每一个进步。让孩子从劳动中获得成就感。

庆振在家里是个"饭来张口衣来伸手"的孩子，爸爸将他视为掌上明珠，从小他就理所当然地接受着爸爸无微不至的照顾。

今年他上幼儿园了，吃饭、穿衣这些事情还是由爸爸代劳。在幼儿园，老师发给每个孩子一个橘子让他们吃，庆振拿着橘子竟然哭了起来。老师询问之后才知道，他在家里根本就没有自己剥过橘子，所以才会哭。

老师将这件事情告诉了庆振的爸爸，爸爸这才知道自己在教育方面所犯的错误。于是他有意识地开始教育庆振自己穿衣服、自己吃饭、自己整理玩具。没过一个月，庆振就学会了很多简单的生活技能。

让孩子"自己的事情自己做"，动手能力就会逐步增强，生活技能也会慢慢得到提高，就会摆脱对父母的依赖。

（3）要求孩子分担家务劳动。孩子在幼儿期好奇心和模仿力很强，这个时期的孩子对家务劳动充满了热情，爸爸要抓住时机，让孩子参与到家务活动中来，无论大小，让孩子在参与中体验到劳动的乐趣。

四岁的江帅很爱劳动，看到爸爸在扫地，执意要帮忙。爸爸把扫帚递给他，他很认真地把瓜壳、纸屑扫进垃圾筐里，看到有"漏网之鱼"，就会马上补救。不到半个小时，江帅把地扫得干干净净。

一次，爸爸要修电风扇，也让江帅来帮忙。他的劳动热情非常高，兴致勃勃地帮爸爸拿东西，还非常专心地看着爸爸修理。从那以后，爸爸只要做家务，都会请江帅来帮忙。

爸爸别怕孩子干家务活慢、质量差，要给孩子劳动的机会。孩子的技能是在反复实践中提升的。爸爸多给予孩子鼓励，才能够激发孩子的劳动热情，让孩子乐于做家务。

（4）带孩子参观自己的工作地点。爸爸可以带孩子参观自己的工作地点，让孩子看到劳动中的爸爸。孩子观察了爸爸的劳动环境、劳动状态，会更深刻地认识社会劳动。孩子最终要参加社会劳动，爸爸是孩子的榜样。孩子会明白爸爸是如何用劳动创造财富的。

爸爸要让孩子明白，人人都需要劳动，劳动是光荣而伟大的。爸爸要将劳动的热情传递给孩子，让孩子理解社会劳动。

5. 让孩子爱劳动巧劳动的教育指导

美国哈佛大学研究人员对 456 名青年的生活进行调查研究，结果发现，不论智力、家庭收入、种族背景或教育程度如何，那些童年时参加劳动的人比那些不劳动的人生活得更愉快。我国一位教育专家也对中国孩子进行过调查，同样发现，在家中做力所能及的事的孩子，情绪较为稳定，心理问题较少，学习自觉性与责任感较强。

如果我们深入分析，不难看到，孩子做力所能及的事即参加劳动，对其发展躬促进功能。所以父母一定要鼓励孩子参加劳动但在这过程中，父母要注意几个方面：

（1）做事要由简到繁，由少到多，由己及人。孩子做事，要遵循量力而行的原则，即让孩子做自己能做的事情，如 9 岁的孩子，父母可让他扫地，却不能让他拖地，因浸湿了的扫把太重，会超过孩子的体力，如强制他拖地，一会使孩子产生畏难情绪而不敢拖；二是会以为父母虐待他，以至产生怨恨情绪。

（2）做事要启发自觉性，恰当鼓励，持之以恒。启发自觉性就是逐渐让孩子从"要我做"变成"我要做"。

开始，一般都是家长提出一些具体要求，让孩子去做，以后，家长不再提出具体要求，至于做什么，怎么做，则让孩子自己去安排，家长只是适时点拨。在孩子做事过程中，孩子最需要的是鼓励。

同时与鼓励密切相关的是宽容。孩子做家务，难免笨手笨脚，难免做错事，这时最需要的是父母的谅解与宽容。

做错事，犯错误，家长要指出问题所在，帮助孩子分析原因，明确应该如何做。过于严厉的批评，琐碎的唠叨。是极容易扼杀孩子劳动热情的。

（3）做事要引导孩子多动脑，多体验。"人生两个宝，双手与大脑"，这是陶行知先生的至理名言，做事也经相引导孩子既动手又动脑，在动手中动脑。在做一件事之前，家长要引导孩子先想想准备怎么做，怎样做才能又快又好。

孩子做事后，父母要和孩子一道体验劳动成果，这可以增强孩子自豪感、成就感。如衣服洗干净后，父母与孩子一起看看，说句"多漂亮"；房间打扫干净后，父母一起去房间坐坐，脸上现出幸福的微笑，久而久之，孩子就会更乐意更自觉地去做事。

6. 孩子从小热爱劳动的教育指导

劳动使世界更美丽，劳动使人民生活更富裕。以辛勤劳动为荣，以好逸恶劳无耻！这是马克思主义的劳动观，无产阶级的劳动观。

近年来，经济发展了，生活水平提高了，有些人忘记了这一条，开始看不起劳动，看不起劳动者了。尤其在对青少年教育上，忽视了这一条，以至使不少儿童从小就轻视劳动，轻视劳动者。如任此现象发展下去，将会影响整整一代人，其后果不堪设想。

中国家长，有许多只抓孩子读书，不抓孩子劳动，在他们眼里，读书好了，孩子才能有出息，才能飞黄腾达，于是他们甘心自己"做牛做马"，将所有劳动全包，为了孩子读书，以牺牲孩子的全部劳动作为代价，这是不可取的。君不见有的大学生由小到大，从不洗衣服，饭来张口，衣来伸手。到北京上大学，自己的衣服还要老母亲从南方乘飞机来洗，或者邮寄到家里叫母亲洗。有的大学生嫌伙食不好，经常叫家长不远千里乘飞机送好吃的东西来。有的孩子从不做家务，偶尔洗两次碗，扫两次地就开口向家长要钞票奖励。有的学生放假回来，连宿舍清洁工作都要叫钟点工，自己不做……凡此种种，触目惊心，发人深思！

由于家长的错误教育，由于整个社会的不良风气，中国儿童的劳动观念普遍淡薄，劳动时间普遍很少。据一个调查显示：美国孩子每日劳动时间是 72 分钟，韩国为 42 分钟，法国为 36 分钟，英国为 30 分钟，中国只有 12 分钟。

可见，中国孩子的劳动观念及其现状存在的问题是何等严重啊！在德国，孩子的劳动义务明明白白写进了法律。6 岁以上的孩子必须帮助父母干家务。即使富裕家的子女，收拾房间，帮助洗餐具，外出购物，擦洗鞋子，浇花，耕土，擦洗汽车，人人都做，人人都会。

德国小学每周有两节手工课，内容包括折纸、编织、木工、制作陶器。中学设有劳动学课和操作课两部分。既要学习劳动价值于报酬，工人基本素质等理论，还有学会制图、绘画等实用技能。德国中小学都设有专用教室，分为金属加工、木加工、烹饪、办公室管理和编织五大类。家长深知要让孩子不做寄生虫，就要教会他们劳动的技能。

日本从小就注重培养孩子的动手能力。日本小学开设图画课、美工课、家庭课、生活课、校外学习课等，孩子们学会逢纽扣、洗衣服、使用剪刀、做日本菜……美国学校都设有一些供选修的劳动课程，如电焊、机械加工、农业和牧业等。这些课程不但能满足孩子们的好奇心和求知欲，还能从小培养孩子对劳动的热爱，受益一辈子。

相比他们，我们的学校片面追求升学率、考分率。分数，分数，满脑子分数。学校将德智体全面发展的教育方针片面化。家长将孩子的培养目标简单化，读书就是一切，一切为了读书。孩子将奋斗目标错误化。万般皆下品，唯有读书高。

从小抓不抓孩子的劳动教育，关系到孩子的做人，成人是一辈子的事情。对国家和社会来说是关系到培养什么样的接班人，关系到国家命运和前途的头等大事问题。从小不热爱劳动，不参加劳动，以劳动为耻，就会养尊处优，高高在上，好逸恶劳，就会不尊重劳动者，不尊重社会，不尊重他人的劳动成果。这样的孩子容易染上极端自私、极端无能的心理。对社会、对家庭、对个人都是有百害无一利的，是绝不可取的。

教育孩子热爱劳动，是全社会人人关心的大事。学校、家长、学生应该通力合作，在社会上形成以辛勤劳动为荣，以好逸恶劳为耻的良好风气。家庭教育责无旁贷。从孩子懂事起，家长要手把手教会孩子参加劳动，热爱劳动，培养孩子的劳动兴趣，养成劳动的良好习惯。

学校教育更为重要。要把学生热爱劳动，参加劳动作为教育和考核学生的重要内容，让学生学工、学农、学军、学习技能，与学文化一样重视，一样考核，一样打分。学生自觉也非常重要。学生从劳动中体会乐趣，劳动中学会本领，劳动中领会人生。将劳动作为学习的必须，生活的必须，自觉的、愉快的参加劳动，不管是苦的，还是累的，不管是否有老师或家长的表扬和奖励。

劳动光荣！劳动者伟大！不劳动可耻！不劳而获者丢人！年轻一代的中国人个个争当劳动的模范！

7. 小学生劳动观念教育指导

现在的小学生都生活在无忧无虑的幸福环境里，大多是独生子女，家长们望子成龙心切，溺爱过渡。由于父母较多地剥夺了孩子们参加各种劳动的权利和机会，造成他们吃苦耐劳精神在弱化，自理能力在下降，以致五六年级的孩子不会叠被子，不会洗袜子、手帕，家常便饭都做不好。扫地怕灰尘，擦桌椅门窗怕弄脏了衣服的大有人在。

他们不懂得劳动创造财富、劳动创造人类、劳动艰辛而光荣的道理。他们也不珍惜劳动成果。由于不少学生很少参加劳动也不主动帮助家人，从小就滋生了好吃懒做、好逸恶劳的思想。

如大扫除时，许多学生表现出挑轻怕重，嫌脏嫌累现象；而扫地又扫不干净，擦窗擦不干净；有的不能按时做班上的清洁卫生，有的甚至鄙视劳动。表现在学习上就是惰性思想严重，"怕"学习。课前怕预习，上课怕思考，怕回答问题；课后怕作业，怕读书，怕问老师同学，更不复习功课。学习上听之任之马虎了事，作业时没有笔没有墨、没有应备的本子，不能按时完成作业或不交作业，少数同学甚至从来不做家庭作业。

这样的学习态度导致成绩不理想。这些归根结底都是有懒惰、不爱劳动造成的。

然而热爱劳动是中华民族传统的美德。当代学生身系国家的未来，肩负历史的使命。我们的国家能否繁荣昌盛，能否立足于世界民族之林，关键在于青少年这一代有没有崇高的理想，有没有劳动观。正如德谟克利特所说："如果儿童让自己任意地不论去做什么而不去劳动，他们就既学不会文学，也学不会音乐，也学不会体育，也学不会那保证道德达到最高峰的礼仪。"因此，学校要培养一代新人、有用人才，就需要培养学生热爱劳动，热爱劳动人民，珍惜劳动成果，懂得用勤劳的双手创造生活，创造美。懂得只有付出，才会有收获，从而热爱劳动，尊重劳动者。

对小学生的劳动教育主要包含两层意思，一是培养劳动观念，培养儿童热爱劳动的品质和热爱劳动人民的思想感情；二是培养儿童的劳动技能，培养儿童的生存能力和战胜困难的意志品质。

我国的教育方针明确指出："使受教育者在德、智、体、美、劳几方面得到全面发展，成为有社会主义觉悟的有文化的劳动者"。大量事实证明，劳动教育对于一个人的成长确实起着十分重要的作用。

许多家庭只知道片面关心"心肝宝贝"的"吃和穿"，而忽略了对"心肝宝贝"的劳动教育。有这样一件啼笑皆非的事情：一个冬天的早晨，一名五年级男生可能是因为当天起床慢了，来不及吃早饭，匆忙赶到学校上学，他的老奶奶紧追其后来到学校送早点，老奶奶很有耐心，直等到课间才把孙子叫出来，这时，"奇迹"出现了：孙子直挺挺站在走廊，两手自然下垂，老奶奶手持早点，直往孙子嘴里送，并小心翼翼的看着孙子一口一口的嚼，嚼完一节再往里送一节，然后再换饮料往孙子嘴里送。这样的场景，您说是不是"奇迹"！一个五年级的学生居然还享受婴儿般的待遇！我不知道这样培养出来的孩子将来怎样过日子。

劳动教育应当作为德育乃至整个学校教育的重要环节。我们教师群体要对劳动教育引起高度重视，明确要求学生做自己力所能及的事情，在家里帮助父母做家务事，鼓励学生参加一些公益劳动，如打扫环境卫生，帮助孤寡老人、残疾人以及生活困难大的病人收拾院落、清洗生活用品等力所能及的劳动，营造爱劳动的氛围，培养学生热爱劳动和乐于助人的良好品质。

未来社会竞争激烈，培养孩子们的生存能力，迎接明天的挑战，已成为大家的共识。一些发达国家对孩子们的劳动教育都采取了种种行之有效的办法：美国、德国的一些法律中都规定了 6 岁到 18 岁的孩子应该做的家务和社会劳动。德国有 6% 的中小学生打过工。日本一些小学组织学生到生活条件差的岛屿、农村、山寨去接受劳动磨炼。

学生的情操会在劳动中得到陶冶，学生的身体素质也会得到提高，学生的学习成绩不会因此而降低。一句话，劳动教育会对孩子的一生产生积极深远的影响。

8. 小学生劳动素质教育指导

在目前的基础教育中，相当一部分中小学生把进入重点学校作

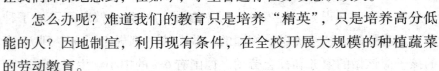

为自己的唯一目标，在整个学校教育阶段和家庭教育中，忽视了劳动教育，而多注重对学生进行智育的培养，忽视了劳动对一个人成长过程中至关重要的作用。锻炼学生的动手能力，培养他们热爱劳动的良好习惯，是我们刻不容缓的责任。有位伟人说过，劳动创造一切。劳动最光荣，特别在目前形势下，劳动素质教育显得尤为重要。几年来，我们学校在劳动教育中做了一些有益的探索，并取得初步的成效。本文学校的实践略谈小学生劳动素质教育。

培养孩子的劳动意识

（1）调查摸底，因地制宜开荒地。我们曾经做过一个调查，请同学们谈谈在家帮妈妈做什么家务。令我们没想到的是，有一个孩子说：我的妈妈天天都打麻将，所有家务都是请工人做的。调查中我们还发现，有不少家长对孩子的要求是，只要你考试成绩好，家里的事就不用你做了，抓紧时间学习吧。他们生怕多做家务会影响学习时间。还有更多的情况是一个"懒"字，讨厌劳动。如此种种，让我们深深地感到，在如今，学生普遍存在劳动意识缺失。

怎么办呢？难道我们的教育只是培养"精英"，只是培养高分低能的人？因地制宜，利用现有条件，在全校开展大规模的种植蔬菜的劳动教育。

（2）全体动员，开展劳动竞赛。各班领受任务后，即时对全体学生进行劳动的动员，首先，在学生中开展讨论，如：你认识的蔬菜种类有多少，你知道蔬菜是怎样栽培的吗，你渴望创造财富吗，你知道种菜也是创造财富吗，同时给同学们宣传劳动的意义，让大家明白劳动创造了历史，劳动对于一个人成长的意义，让大家懂得劳动最光荣的道理。然后作出具体的安排，下达任务目标，制定竞赛方案，短时间内，同学们都跃跃欲试，劳动热情被极大地调动起来。

组织学生进行开荒平土。同学们有个别曾经帮家人种过地，而更多的同学是从来没有接触过这项活动，但他们对劳动充满了热情。开展热火朝天的劳动竞赛。同学们的劳动参与率100%。

土地平整后，同学们可以通过查阅资料，询问家长，访问老农以及互相交流，根据这里的土质来确定自己所种植的品种。可以种植辣椒、茄子、豆角、芋头、南瓜、生菜、花生、玉米、向日葵等十多个品种。各班选定品种后，适时地下种、淋水、施肥、观察。

通过劳动，同学们感受到自己居然能够创造财富，那是一件多么令人高兴的事啊！

劳动教育促进学生学习

（1）劳动基地是科普基地。我们要达到的目标之一——科普。对学生进行科学普及教育。让学生通过学习到植物的播种、发芽、生长既施肥、管理等全过程。从而对植物的生长有了初步的认识，

进一步认识自然，了解自然。学校在菜地的周边树立了蔬菜种植科普宣传牌，图文并茂，上面有蔬菜的种植技术，其中包括各品种的学名、俗称、生长所需的温度、生长的周期，田间管理等。

各班还设立观察记录，对植物生长的全过程进行详细的观察，定时写观察日记。观察种子的发芽，长叶，分枝，开花，结果等。记录了植物生长的速度，什么时候施肥，什么时候淋水，出现的问题，开花的时间以及结果的喜悦等都作了详细的记录，并定时将这些记录公布以让大家共同分享。

通过劳动，我们的学生开阔了视野，增添了阅历。

（2）劳动让学生渴望知识。通过活动，同学们更加认识到，感恩社会，服务社会，必须提高自身能力以及全面素质。

如何全面提高自身的素质？除了学习课本知识外，还要靠我们的双手去学会改造和创造世界。

也就是说，我们的理论知识要到实践中去检验。另外，我们所学的理论本身就是指导实践的。通过劳动，让我们的学生能深切地

体会到伟人提出的"劳动创造世界"的深刻含义，使学生懂得我们现在的生活来之不易，让我们的学生能够得到全面素质的提高。

劳动锻炼，我们收获的不仅仅是物质成果，更重要的是，我们的同学在体力上得到锻炼，社会阅历更加丰富，情操得到熏陶，同学们更加深切地感到自己知识的贫乏，产生对知识的渴求。认识到要想真正改变我们落后的面貌，要创造更多的财富就只有更加认真地读书，掌握更多的本领。劳动使同学们的学习知识的积极性更加高涨，更加有责任感。思想道德水平不断提高。

在劳动的过程中，同学们互相学习，互相交流。增进了团结，培养了协作精神，也增强孩子的社会责任感。更有学生由于对种植蔬菜产生浓厚兴趣后，放学后想的是如何种好自己的地而不是想到去网吧。劳动还能通过刺激大脑，缓解压力，劳动使人心灵手巧。对学习大有帮助。

提高自身能力以及全面素质

（1）学生学会感恩父母。我们的劳动教育从开始就与学校开展的感恩教育紧密结合，通过劳动，让学生懂得身上穿的衣服，每天吃的粮食都是人们辛辛苦苦劳动的结果，没有劳动就没有一切。才懂得父母每天是多么不容易，从而更加珍惜生活。懂得感谢父母。

（2）学生学会回馈社会。回馈社会，我们劳动教育计划中已明确：劳动成果收获后，每个班将这些成果送给各班所联系的本社区孤寡老人。劳动基地开创能够初步在学生中播下热爱劳动的种子。我们也能体会到，我们的劳动基地，不仅仅能收获物质成果，同时学生的素质得到提升更重要的是让学生得到一种良好社会风气的培养及情操的熏陶。

学校可以开展以"学会感恩"为主线的德育教育活动。要在发展学生德智体美劳全面素质上下更大的气力，为培养对社会有用的合格人才，不断探索，走出一条适合我们学生发展的，具有我们自己特色的学校发展新路子。

现在的小学生，虽然大部分不愁吃不愁穿，但他们不是吃成小胖墩就高得像豆芽，真正健壮的不多。我们的劳动教育，恰恰就锻炼了学生的体质，既锻炼了学生的动手能力，同时也是对学生进行了科普教育。经常性的劳动，又改变了他们对劳动的看法和对参加劳动的态度。

9. 小学生家庭劳动教育指导

家庭中的劳动教育对孩子良好品德的形成，对培养孩子热爱劳动和劳动人民的情感，养成良好的劳动习惯，培养孩子对家庭、对亲人的责任心，提高生活自理能力，有重大意义。

当前的小学生尚具有一定的劳动观念，知道劳动的重要，但很缺乏劳动的习惯和技能，不少孩子在生活中懒惰成性。根据调查220名1~6年级学生，每天早晨起床自己收拾被褥的仅占26.4%，饭后经常洗碗筷的只占13.2%。其中五年级学生，自己洗手绢、袜子等小衣物占64.1%，倒垃圾占62.2%，帮助烧饭菜占20.9%，拖地板占42.9%，扫地、擦灰尘占55.5%，买菜占25.8%，洗衣服占28.5%。以上调查表明，当前小学生懒惰问题很严重，缺乏劳动习惯，对自己应当干的事，甚至连力所能及的自我服务和家务劳动，都没有达到起码的要求，这个问题必须引起家长的重视。

现在的小学生大多是独生子女，孩子的生活条件日益优越，不少家长对子女娇惯，什么活儿也不让孩子干。据调查，有的低年级的孩子早晨起来伸出一只胳膊让妈妈给穿袖子，又伸出另一只胳膊让爸爸给穿另一只袖子；有的早晨起来伸着脖子等家长给戴红领巾，伸出脚等家长给系鞋带；连刷牙都由家长挤牙膏。更有甚者，有的家长怕累着孩子，把学校的值日劳动也包起来，亲自去代劳。这样，大部分"小皇帝"、"小公主"过着衣来伸手，饭来张口的优越生活。他们或是不爱劳动，或是不会劳动，或是没有养成良好的劳动习惯。这种现象不解决，将直接影响下一代人的全面健康成长。因此家长要高度重视孩子们的劳动教育。

劳动不但能提高孩子的觉悟，而且能发展智力。一位教育家说过："孩子的才能和天赋的起源在他们的指尖上，形象地说，从他们的手指淌出涓涓细流，汇成创造思想的源泉。"这位教育家告诫人们不仅要把劳动看作生活的必需，而且要把劳动看作人的精神生活和精神财富的多方面表现。

劳动能培养孩子具有劳动人民的思想感情。劳动人民是精神财富和物质财富的创造者，是实现"四化"大业的主力军。劳动人民对自己所从事工作的热爱和劳动成果的珍惜是与辛勤的创造性劳动密不可分的。种粮的农民绝不会把馒头、面包扔掉。制造桌椅的工人，也不会用刀子在上面留下自己的姓名。自己洗的衣服穿起来在意，自己烧的饭菜可口，自己种的花草爱护……劳动将使孩子逐渐树立起热爱劳动，热爱劳动人民，热爱劳动果实，热爱生活的思想感情。

劳动还可以促进意志品质的形成，劳动习惯的形成过程也是意志形成的过程。

例如：每天早晨起来自己叠被子，自己打扫卧室，没有相当的意志力是不可想象的。

再如自己洗衣服、倒垃圾、刷厕所等劳动，没有不怕脏、不怕累的思想是不行的。不难看出，劳动对孩子性格的形成起独特的作用。劳动是孩子全面发展不可缺少的一环，是促进孩子身心健康发展的必要条件。劳动不仅锻炼了孩子，而且也可以使孩子从中受到教育。

苏霍姆林斯基说过："爱劳动首先是是孩子情感生活的范畴。只有当劳动给孩子带来快乐时他才渴望劳动。劳动的快乐越深刻，孩子就越珍惜自己的荣誉，越清楚的在劳动中看到自己的努力，自己的荣誉。劳动的快乐是强大的教育力量，这种力量能使孩子认识到自己是集体的一员。"要使劳动不成为额外的负担，家长千万不能用劳动惩罚孩子。如果孩子形成了一种成见，劳动就是惩罚，这给整个教育工作造成的损失是难以估量的。

我国人民有一条金科玉律，任何劳动都是值得尊敬的。如果孩子看到父母很尊敬地和电梯女司机、邮递员、清洁工打招呼，就会使孩子明白一条十分重要的真理：日常的平凡的劳动都是很重要的，在我国一切劳动都是受尊敬的。

在劳动教育中，不能溺爱。认为"孩子小，大人干就行了。"或者认为"学习就够累的了，只要学习好就行了。"往往孩子应该做的事，就由大人代替了。这是不对的，要想改变孩子对劳动的态度，家长必须以身作则，真正认识到劳动在孩子成长中的重要作用，重视从小就培养孩子的劳动习惯，将使孩子终身受益。

（1）自己的事自己干。培养孩子良好的劳动习惯中，自己的事情自己干可以说是最经常、最基础的内容。它是劳动的起点，又是其他劳动内容的基础。

①什么是"自己的事"。首先要明确"自己的事"是属轻微的劳动。针对孩子的年龄特点，是力所能及的事，如学习方面的削铅笔，包书皮，整理书包，准备文具等；生活方面的穿衣、洗漱等；集体方面的值日、扫除等；家庭方面的做饭、洗碗、扫地等。

②放手让孩子干自己的事。要放手让孩子去干自己的事，既不要怕累着孩子，也不要怕孩子干不好。要想培养孩子会做事，就应该让孩子有自己的一份劳动任务，如铺床、缝扣子、热饭、洗小件衣物，准备上学用具等。当孩子干得好时，要给予表扬，孩子干得不好时，家长要给以指导，千万不能责骂或挖苦讽刺。

③反复训练循序渐进。家务劳动有难有易，开始不要让孩子做复杂劳动，应该随着年龄的增长逐步提出较高要求，让孩子反复训练，循序渐进。由于孩子生理和心理发展水平有时不能平衡，往往心到手不到，干事拖拉，丢三落四，这种现象是正常的。家长要认真帮助孩子找出问题所在，指出解决问题的方法，再让孩子重新做，达到家长满意为止。

④让孩子体会劳动的快乐。苏霍姆林斯基说过："我们要使学生在童年少年和青年时代尽量多和成年人一起劳动，对成年人来说，劳动是一种幸福和享受。共同感受劳动的快乐是自我教育的第一步。"当孩子学会自己照顾自己时，他的内心会流溢着自豪和欢乐，会感到生活的美好和做人的尊严，因为这是他劳动所得。家长要让孩子养成自己的事自己干的良好习惯，就必须从一点一滴的事做起，在自我服务和家庭劳动中，感受到劳动的快乐。

（2）艰苦朴素、勤劳节俭。今天的孩子可以说是在"蜜罐"中长大的，要什么有什么，想吃什么，家长给买什么，只要孩子开口要，家长就千方百计地去满足。孩子们所要的东西来得太容易了，丢了不找，坏了不心疼，不知道爱惜。我们必须教育孩子们，让他们知道"艰苦朴素，勤劳节俭"是我们的"传家宝"。

教育孩子不乱花钱，随着生活水平的提高，家长在孩子身上肯花钱，孩子的生活越来越幸福。很多孩子，平时口袋里的零用钱已从过去的几角钱，变成几元钱，十几元钱，甚至更多。学校组织学生去春游，家长给孩子带了满满一书包吃的东西，烧鸡、鸡蛋、香肠、面包、水果、糖、饮料以外，还给不少零花钱。学生花钱大手大脚，毫不吝惜，发展下去是很危险的。有的学生口袋里有钱，就常去玩电子游戏机，买不适宜的书或看不应该看的录像。由于年龄小，分辨是非能力差，不但影响学习而且发展下去容易变坏。

所以，家长要有计划地给孩子零花钱，让他们把钱攒起来，购买文具、图书，养成从小不乱花钱的好习惯。当然，家长的榜样作用也是十分重要的。家长不讲排场，不比阔气，朴素节俭，对孩子的成长是无声的教育和影响。

总之，要让孩子在自我服务、家庭劳动中养成良好的劳动习惯和艰苦朴素的好品质。培养孩子对家庭对社会的责任心，提高生活自理能力，增强热爱劳动和劳动人民的情感，使孩子在家庭这个摇篮里健康成长，让他们有一个幸福的童年，美好的少年时代。

10. 低年级学生劳动教育指导

一年级学生的劳动能力低下，不但与他们的年龄特点有关，还与他们所处的社会环境、家庭环境有关。因此，对一年级学生进行劳动教育显得越发有必要。

（1）自己能做的事自己做。要学生自己能做的事自己做，光靠老师的教育是远远不够的，我们要充分利用家长会与家长密切配合。列出一年级小朋友应该做的事情，如自己穿衣裤、洗脸等，这样有利于对学生的指导和监督。对于一些自我服务能力较差的学生，不能讥笑讽刺，更不能责骂，让学生学会正确的方法，要用发展的眼光看待学生，否则就会刺伤学生的自尊心，打击学生参与劳动的积极性。

（2）在家主动做家务。不但自己的事情自己做，而且在家要主动帮助父母做家务。家务劳动是学生学习生活的知识、技能，养成生活态度、生活情趣的重要途径，一年级的学生因年纪尚小，我们可以布置一些简单的家务劳动，如帮父母洗筷子、洗碗，扫地、倒垃圾等，适当的做一些力所能及的家务，既提高了学生的动手能力，又增强了学生的家庭责任感。

（3）做好值日生工作。学生参加班级劳动，不仅可以培养良好的劳动习惯，还可以培养学生的集体主义观念。值日生要从基本的"把地扫干净"、"桌椅排整齐"、"窗户擦干净"、"扫把排整齐"、"垃圾桶倒干净"等等入手，培养自己的劳动技能，并在值日中体会到劳动的乐趣、激起劳动的欲望。

了解工人、农民、知识分子和其他劳动者创造的社会财富，同时学习一些劳动知识和技能，养成热爱劳动的习惯。

劳动，是人类赖以生存和发展的最基本活动，是决定一个人的前途和命运的重要因素。劳动教育，培养学生良好的劳动习惯是学生成长过程中的重要课程，让学生用实际行动高唱一曲"我有双勤劳的手，样样事情都会做"，用他们的双手去创造更加美好的未来。

11. 低年级学生热爱劳动的品质培养

热爱劳动的教育是指培养学生热爱劳动的观点，养成良好的劳动习惯及珍惜劳动成果的良好品德。对低年级学生而言，主要是使他们知道劳动是光荣的。自己会做的事自己做，不会做的学着做，在家里参加力所能及的家务劳动，在校积极地参加班里的劳动，当好值日生。还要使学生知道衣食住行来之不易，要节约水电，爱惜粮食，爱惜学习用品，爱护学校桌椅、设备以及花草树木。围绕热爱劳动的教育内容，开展以下的工作。

（1）针对情况，开展教育。可以将本班学生分成三类，第一类：不爱也不愿劳动的学生；第二类：视劳动为游戏活动的学生；第三：具有强烈劳动意识的学生。

针对三类学生，为了使每位学生都知道劳动是光荣的，使每位学生都热爱劳动。对第一类不爱也不愿劳动的学生进行家访，通过家校配合，促使学生进步。同时发挥优劣互补的作用，将热爱劳动的学生与不太爱劳动的学生搭配在一起，成为同桌。在老师、家长的指导下，在同学的影响下，孩子们渐渐懂得了该如何做值日。

先洒水，后扫地；擦黑板，抹桌椅；

对齐课桌倒垃圾；清洁工具放整齐；

关好门窗回家去。

（2）从扶到放，开展值日。刚从幼儿园进入小学学习的一年级小朋友，决定了班主任开展值日工作只能从扶到放的循序渐进。同时也决定了必须要以最精细的分工来合作完成值日工作。为此可以将工作任务分成若干项：洒水、翻凳、扫地、擦门、擦窗、擦柜、擦台、擦桌、擦椅、整理卫生工具、倒垃圾、打水、排桌子、拖地、关窗、关门、擦黑板、讲台、整理讲台、队角，管理饮水机的卫生等等，形成了事事有人干的局面。再利用"捡豆"效应，由热爱劳动、工作能力强的小朋友胜任值日组长，再由班主任对昨日值日情况做出评价，表扬并奖励先进者，总结值日生的优点，提出可以改进的地方。

日复一日，天天如此。孩子们渐渐认真地打扫卫生了，速度也快多了。

（3）为人师表，树立榜样。人们常说"身教胜于言教"，即所谓的"己身正，不令而行。己身不正，虽令不行。"教师的一言一行都对学生起着耳濡目染，潜移默化的作用，所以平日里要非常注意自己的言行举止。

12. 小学劳动课的劳动习惯培养

《九年义务教育全日制小学劳动课大纲》（试用）指出："小学劳动课的教学目的是：通过自身服务劳动、家务劳动、公益劳动和简单的生产劳动的教育和实践，使学生初步学会一些基本的劳动知识和技能，逐步培养正确的劳动观念、良好的劳动习惯以及热爱劳动和热爱劳动人民的感情。"把逐步培养小学生良好的劳动习惯作为小学劳动课的教学目的之一，足可以看出教学大纲对习惯问题的重视。众所周知，习惯是在长时间里逐渐养成的、一时不容易改变的行为、倾向或社会风尚，它对于人生有着不可估量的影响。

著名教育家叶圣陶先生曾指出："养成良好习惯，直到终身由之的程度，是一条规律。"魏书生认为，"学生一旦养成了这种良好习惯，就像冲破种种阻力进入空间轨道的飞行器，基本可以靠惯性自行运转了。"英国唯物主义哲学家培根说过："习惯真是一种顽强而巨大的力量。它可以主宰人生。"英国教育家洛克则把习惯当做培植人生幸福的根基，他指出："事实上一切教育都归根结底为培养儿童的良好习惯，甚至一个人的幸福也往往归结于自己的好习惯"。

因而，我们必须重视培养学生的良好习惯。《中国教育改革和发展纲要》指出，"各级各类学校要认真贯彻'教育必须为社会主义现代化建设服务，必须与生产劳动相结合，培养德、智、体全面发展的建设者和接班人'的方针。"这就明确规定了我们的教育培养目标首先是"建设者和接班人"，而作为"建设者和接班人"，肯定应该是一个劳动者，不进行劳动的"建设者和接班人"是不可思议的。俄国教育家乌申斯说过，"教育不但应当培养学生对劳动尊敬和热爱，它还必须培养学生劳动的习惯，因为认真严肃的劳动经常是艰苦的"。"教育应当培养对劳动的习惯和爱好，他应当使人能在生活中为自己找到劳动。"

所以，我们在教学中，必须重视培养学生良好的劳动习惯。小学是学校教育的起始阶段，对于人生习惯的养成有着重要的奠基作用。从小养成了良好的习惯，就可以使人受益终生。如果形成了不良习惯，要想改过来则谈何容易，会让人一辈子吃亏。现在的青少年学生，可谓是用蜜水泡大的，家庭生活条件的日益优越，工作现代化程度的不断提高，反而易使他们的劳动意识变得淡薄。

特别是现在的小学生，基本上都是独生子女，特殊的身份使得这些"小太阳"、"小公主"倍受宠爱，简直爬上了"贵族"地位。如果不从小学阶段入手培养他们良好的劳动习惯，无论是对他们本人，还是对于国家、民族的前途和命运，后果都将是非常危险的。

因此，小学劳动课教学大纲把逐步培养小学生的良好劳动习惯列为教学目的之一非常正确，十分必要。然而对于其形成却并非易事。根据大纲对于教学内容和教学要求的规定及教材对教学内容的安排，从经一事长一智的角度考虑，通过小学一节节的劳动课教学，是能够使学生初步学会一些基本的劳动知识和技能，逐步具有正确的劳动观念以及热爱劳动和热爱劳动人民的感情的，而良好劳动习惯的培养却不然，它需要长期持之以恒的有计划的艰苦严格的历练，而无法通过一、两节劳动课，几次活动或一时一事如愿以偿。所以，我们在小学劳动课教学中，要以知难而进的精神，把培养小学生良好的劳动习惯当做一项重要的课题下苦工夫抓好。

全面理解大纲教学目的中各要素间的关系

小学劳动课教学大纲规定必须达到的教学目的包括多项，其中良好的劳动习惯与劳动知识和技能、正确的劳动观念、热爱劳动和热爱劳动人民的感情之间是相辅相成、辩证统一的。学生一旦初步学会了一些基本的劳动知识和技能，逐步具备了劳动观念、热爱劳动和热爱劳动人民的感情，就会更有利于良好劳动习惯的养成；而养成了良好的劳动习惯，就必然有利于学生掌握基本的劳动知识和技能，培养正确的劳动观念、热爱劳动和热爱劳动人民的感情。

在小学劳动课教学中，对大纲教学目的中规定的各项内容，要辩证统一地看待，不可把它们彼此割裂开来。但是小学生初步学会了一些基本的劳动知识和技能，逐步具有了正确的劳动观念、热爱劳动和热爱劳动人民的感情，并不等于已经形成了良好的劳动习惯。所以在落实教学目的中使小学生初步学会一些基本的劳动知识和技能等内容时，绝不可以偏概全，就轻避重，使培养小学生良好的劳动习惯流于形式。

系统把握、使用教材

循序渐进既是学习的一般规律，也是培养良好习惯的必由之路。良好习惯的养成不可能一蹴而就，而是要经过一个由易到难，由少到多，由简单到复杂的渐进过程。中原油田所用的小学劳动课本是由河南省教委教研室依据小学劳动课教学大纲编写的。课本把大纲规定的自我服务劳动、家务劳动、公益劳动、简单的生产劳动等内容有计划地分别编进了各册课本中，把课本中的同类内容按照年级由低到高的顺序综合排列，就分别构成了上述四项内容的教育和实践的序列。

因而，按此教材教学是有利于小学生良好劳动习惯培养的。问题在于小学劳动课教学一般是一学期使用一册课本，具有一定的阶段性，如果教师只是满足于孤零零地教好一册册课本，而不注意教材内容的前后联系，那么，就等于隔断了构成小学生良好习惯的链条。

因此，教师在使用小学劳动教材时，要注意瞻前顾后，系统地整体地驾驭教材，发挥教材所具有的训练序列优势，使小学生良好劳动习惯的培养具有连续性、渐近性。

认真搞好劳动实践

劳动实践是形成良好劳动习惯的基础和前提，良好的劳动习惯只能成之于长期的经常不断的劳动实践的磨炼和积淀，仅凭纸上谈兵的说教是无济于事的。小学劳动课教学大纲在教学中应注意的几个问题中指出："在劳动课教学中，劳动实践是进行劳动教育的基础，劳动课要以劳动实践为主，寓思想教育于劳动实践之中……"

因此，我们要培养小学生良好的劳动习惯，必须重视搞好劳动实践。小学劳动课教师在劳动课教学中，要注意讲明每次劳动实践的目的和意义，以增强小学生参加劳动实践的兴趣和自觉性。要想办法指导学生在劳动实践中学会运用学到的基本劳动知识，并形成一定的技能，从而尝到成功的愉悦。应注意启发学生体验劳动的感受，并进行积极的引导，使小学生在劳动实践中获得多方面的收益。要认真备课，提高教学艺术，克服种种困难，为进行劳动实践积极创造条件。必须坚决杜绝像进行语文教学那样只让学生读课文、背课文的现象，切实组织指导小学生搞好劳动实践。

广泛开展课外活动

课外活动是课堂教学的延伸和补充，是小学劳动教学的有机组成部分。丰富多彩的劳动实践，将更加有利于小学生良好劳动习惯的养成。小学劳动课教学大纲指出，教学中应注意积极开展课外活动，做到课内课外相结合。要在课外组织劳动项目兴趣小组，如编织、刺绣、烹饪、种植、饲养、小木工、缝纫、科技制作和科学小实验等。应注意加强与社会和学生家长的联系。要有计划、有目的地组织学生到工厂、商店、农村参观，开阔学生的视野。有些劳动项目，可以组织学生回家实践，在家长指导下，学会操作技术。

总之，通过开展课外活动培养小学生良好劳动习惯的潜力很大，一要做到紧密联系教学实际，开展活动目的明确，计划性强，不加重学生负担；二是注意与其他的活动，如班级大扫除，少先队组织的参观调查活动等结合起来，收到一举多得、事半功倍的效果。

完善劳动课考核办法

劳动课考核是把握劳动课教学质量，为进一步改进教学提供客观依据的重要手段，对教学有着重要的导向作用。小学劳动课教学大纲在"教学中应注意的几个问题"中指出："劳动课要进行考核，考核的内容主要是学生的劳动态度、所学知识在实践中的运用情况，以及劳动成果的质量等方面。劳动表现应写进操作评语，劳动课成绩应记入学生成绩册。"这些办法对考核学生学会基本的劳动知识和技能，养成正确的劳动观念及热爱劳动和热爱劳动人民的感情诸内容应该说是可行的，但是，却难以把握小学生良好劳动习惯的养成情况。

因此，为了全面落实小学劳动课教学大纲规定的教学目的，就需要我们探索考核小学生良好劳动习惯养成情况的办法。

例如关于小学生进行家务劳动的习惯，小学劳动课教学大纲规定，小学低年级在家务劳动方面要学会铺床、叠被等，这些内容在本年级段当然应该考核。对于小学中年级，大纲规定在家务劳动方面要学会洗餐具、茶具等。在中年级劳动考核中，除了对洗餐具、茶具等进行考核外，对低年级学过的铺床、叠被等也仍应予以考核，以防止出现小学生学一样做一样，做过了就拉倒，到头来只做最后学的那一样的被动局面，从而促使小学生把有关的家务劳动坚持下去。只有这样，才有利于小学生形成良好的劳动习惯。就考核人而言，可以因内容不同而异。

如考核小学生参与家务劳动的习惯，就应该向学生家长负责。届时劳动课教师可以将小学生家务劳动考核表交学生家长填写，表中宜列上学生所学过的全部家务劳动内容，如铺床、叠被等，每项内容下再分几种情况，如依次分为"经常"、"比较经常"、"偶尔"、"无"等几类，让家长根据学生的家务劳动表现在表中打"√"。这样，劳动课教师就可以大致了解小学生参与家务劳动的情况。当前有些小学生在学校劳动表现很积极，如扫地、拖地等不怕脏、不怕累，虽然是同样的活而在家里却视为爸爸、妈妈、爷爷、奶奶的事，自己绝对不肯干。因此，让家庭甚至社会参与一定的劳动课内容考核是非常必要的。

充分发挥榜样的带动作用

一是要树立小学生中具有良好劳动习惯的典型，宣传他们的事迹，热情地予以表彰，让榜样带动小学生养成良好的劳动习惯。

二是教师要言传身教，以身作则，成为学生学习的楷模。教师的行为对学生实际上是一种无声的影响，其力量比有声的说教不知要大多少倍。因此，就要求教师自身首先要有良好的劳动习惯，以收到让学生耳濡目染，近朱者赤的效果。

13. 农村小学生劳动素质教育指导

五、六十年代，一提到"农村孩子"，给人印象是"朴实、勤劳"。那时，几乎所有的农村小学生都会干家务活，平时一放学和星期日，有的提着篮、背着筐、拿着镰刀去割草，有的喂鸡鸭放牛羊，有的还参加一些农田劳动。"劳动光荣"思想在社会上很盛行。

八十年代以来，一方面由于教育发展满足不了人民群众日益增长的物质文化需求，一方面重文轻劳思想作祟，社会上、农村中普遍存在着一股"望子成龙"、"跳农门"思潮。学校受应试教育束缚，明显存在片面讲分数、追求升学率倾向，忽视学生劳动教育。这个时期，农村小学生的劳动观念明显淡化，不爱劳动、害怕劳动现象很普遍。

进入九十年代，不论是社会舆论导向，还是教育部门对劳动教育宣传、领导力度都是不够的。学校对于劳动教育往往讲起来重要、做起来次要、忙起来不要。农村小学生大多又是独生子女，家庭过分溺爱，滋长了他们"骄"、"娇"两气。随着农村经济模式变化，相当一部分家长中存在不爱农、不学农、不务农的现象，对农村小学生影响很大，使农村小学生普遍缺乏艰苦生活环境的磨炼，缺少吃苦耐劳和艰苦奋斗的精神。不少农村小学生也养成了讲吃穿、乱花钱、不爱惜劳动成果，不爱护公共财物和好逸恶劳等不良习惯，不参加或很少参加家务劳动和生产劳动，有的甚至连生活自理的简单劳动也依赖父母。

农村广阔天地曾滋润、养育了一批批朴实、勤劳的农家孩子。然而，目前农村小学生不爱农村，劳动习惯差，自理能力和简单劳动技能低下的情况比较严重。发现如下几种令人担忧的趋势：

（1）随着年龄增大，年级升高，小学生劳动习惯养成程度并非是成同步发展，而是相反；

（2）农村小学生对各类劳动参与率低，且参加情况差异大，越是辛苦花力气的劳动参与率越低；

（3）环境变化起着一定熏染作用。搬迁到城镇的农村小学生，由于劳动内容、场所减少，劳动习惯养成更差，极少参加家务劳动，简单生产劳动基本不参加。

综合上述，学校必须采取切实可行措施。结合正面社会教育、家庭教育，努力去改观这种现状。

加强农村小学生劳动教育的对策

（1）要重视对社会现代化过程中的劳动教育新特点进行深入研究。在21世纪到来之际，教育和各种培训已成为发展的首要推动力。

联合国教科文组织在《教育——财富蕴藏其中》一书中，认为教育必须围绕四种基本的学习能力来重新设计、重新组织。这四种学习将是每个人一生中的知识支柱：学会认知，学会做事，学会共同生活，学会生存。他们之间有许多连接、交叉和交流点，但是，在一般情况下，正规教育仅仅是或主要是针对学会认知，较少针对学会做事。而另外两种学习往往带有很大的随意性，有时也被看作是前两种学习的一种自然而然的延伸。

当前，我们要切实转变传统的教育观念，既要让小学生认识劳动的意义目的，懂得"劳动创造财富"，"劳动创造世界"马克思主义哲理，又应让他们知晓劳动分体力劳动、脑力劳动两大类。随着人类社会的发展，科学技术的日新月异，劳动的含义也发生着变化，劳动不再是谋生一种手段。体力劳动的强度日益减轻，单纯的体力劳动正在被更带有知识性和脑力性的生产劳动所取代，但不管是劳动形式变化，还是劳动价值的变化，社会现代化既需要培养大批掌握先进科学知识和技术的人才，但无论如何也不能缺少大批的工人、农民，不能缺少大批的热爱劳动、具有较高劳动技能的普通劳动者。从我国国情来分析，更是如此。

因此，我们必须组织和指导好农村小学生经常参加力所能及的自我服务、家庭服务、社会公益服务、简单生产和科技劳动，从而发展他们的思维、磨炼意志、增强体质、陶冶情趣、增强集体主义意识、培养自力更生和创造精神。

（2）劳动教育要体现知行结合原则，特别要重视体验教育。学校要加强劳动教育的力度，明确劳动教育任务、目标，开设好劳动教育课。

教育和帮助小学生建立正确的劳动观点，良好劳动习惯，热爱农村、热爱劳动人民的情感，珍惜劳动成果的品质。还要让小学生明白新农村建设需要一代具有一定科学技术、劳动技能的新型劳动者。在成才过程中，劳动是必修课。

要注意优化劳动教育环境，如在餐厅醒目的地方，张挂一些如："谁知盘中餐，粒粒皆辛苦"、"珍惜粮食，杜绝浪费"等有教育意义的宣传标牌，经常展示一些农村小学生参加社会服务和校园劳动的照片，起到宣传作用。

还应充分挖掘和利用劳动教育资源，加强劳动基地建设，开展好劳动实践活动。这对乡镇农村学校来说应该不是太难的事。

我们还要通过家长学校、家长会、家访等形式，指导家长如何培养小学生劳动习惯，安排好自己孩子参加家务劳动和一些简单生产劳动。我们还开展"当劳动小主人"活动，教育和要求小学生自己事自己做，自己东西自己洗。

学校还经常组织一些校园劳动，譬如出一些绿化地交给小学生，让他们自己去采购树苗和花种，亲自动手种植、浇水、管理，命名等。对没有成活小树，他们还要分析原因，到第二年的植树节，他们就会及时补种。这些小学生有空就去观看亲手种植的小树和盆花，心里便会甜滋滋的，真正感受到了劳动的欢乐和幸福。

通过这些劳动教育和实践活动，使农村小学生进一步受到思想熏陶、情感交融、意志培养、知识积累、技能互补。

（3）劳动教育要注意针对性、艰苦性、知识性、趣味性的结合。根据市情、县情、乡情，学校可以自编一些劳动教育乡土教材，为当地经济建设服务。

在进行劳动教育过程中，要根据农村小学生不同年龄特点，开展一些丰富多彩的"趣味型"、"知识型"和"艰苦型"相结合的劳动竞赛。

如进行穿衣服、系鞋带、洗手绢、洗衣服、穿针线、钉纽扣、包书皮等生活自理技能表演；进行剥豆、削土豆皮、削水果皮、包水饺等家务劳动比赛；进行挖坑种树、挑土负重简单生产劳动竞赛；还可开展一些如"小制作""小发明"等科技劳动竞赛。同时，评选出一批劳动小能手起示范表率作用。特别是当小学生的劳动成果获奖或予以认可后，他们喜悦的心情是无法形容。小学生兴趣和积极性都很高，有的回家就练，手剥疼了也不叫苦。这样既有利于变被动劳动为自觉劳动，又有利于坚强毅力的培养，提高了小学生动脑动手能力、自理能力和服务能力，同时又促进了劳动教育发展。

（4）要通过立法等手段，保证社会、教育行政部门和学校参与对小学生的劳动教育，有利于全面推进素质教育。

有必要制定劳动教育法规，促进我国的劳动教育沿着正确轨道健康发展。学校应坚持劳动教育制度化，建立劳动检查、总结、评比制度，制定好切实可行的考评方案，定期对学生劳动认识、劳动态度、劳动实践、劳动习惯、劳动成果进行考核鉴定，并将劳动教育达成度作为班级评先和个人操行评定、三好学生评定基本依据之一。学校要经常分析研究劳动教育开展情况，不断总结经验，弥补不足，以利于进一步改革和深化劳动教育。

人类离不开劳动，社会发展离不开劳动。即使国家进入到现代化程度很高阶段，也同样离不开劳动。所以对于一个国家、一个民族来讲，劳动是立国之本；对于个人来说，劳动是成人之本，成才之本。从我国国情分析，农村学生始终占全国青少年的绝大多数，因此，加强农村小学生劳动教育和管理，提高他们的劳动素质，是现代教育需要，是现代化建设需要，是 21 世纪需要，是农村学校当务之急。

14. 农村小学生家庭劳动教育指导

提出课题的背景

《义务教育法实施细则》明确指出："实施义务教育必须贯彻国家的教育方针，坚持社会主义方向，实行教育与生产劳动相结合，对学生进行德育、智育、体育、美育和劳动教育。"这里将生产劳动提到了教育的社会本质高度，而劳动教育作为学生的一个重要素质，它与德、智、体、美四育列为同等重要的地位。小学生家庭劳动教育是家庭教育不可缺少的组成部分，是实施素质教育重要方面，二期课改的重要理念就是要使学生全面发展，当然也包括加强对学生的家庭劳动教育。

当前农村小学有些小学生的劳动观念淡薄，劳动技能薄弱，劳动习惯不尽人意，学生缺乏实际动手能力和自理能力，缺乏责任感，不尊重父母的劳动成果。出现这些现象的原因有多种多样，但主要是在学生的家庭教育中出现了严重的偏差，"万般皆下品，唯有读书高"的传统观念根深蒂固。许多家长把家庭教育的重点放在孩子的文化学习上，家庭劳动教育被许多家长所忽略，从而导致了上述现象普遍存在，这严重制约了学生的创造性思维和创造能力的发展。

加强家庭劳动教育的探索

（1）办好家长学校。提高家长对子女参加劳动的认识，我们利用家长学校，对学生家长加强学生劳动教育的重要性的宣传。学校设计了家长自测问卷内容有：你对孩子参加劳动有何看法；你对孩子参加劳动的态度是怎样的；你的孩子会做哪些家务劳动？等等，统计结果令家长们很尴尬。

我们及时地向家长广泛宣传子女劳动教育的重要性，以此来提高家长的育人意识和培养孩子的劳动意识。通过家庭、学校的共同教育逐步培养学生自理自立和自我服务，热爱劳动的良好行为习惯。

小学生只有在直接参加劳动时，才能学会劳动。小学生参加劳动愈早，对他进行劳动教育愈有成效。儿童生来就有从事某种活动的心理倾向，如果不从幼年起就开始习惯于从事必要和有益的家务劳动，那么这种心理倾向就得不到应有的发展。小学阶段不让学生参与家务劳动，就会错失良机，增加了成年后成为一个熟练而勤勉的富有创新能力劳动者的难度。

家务劳动，可以让孩子凭着责任感，付出气力，克服困难，取得成功，受到赞扬，引起快感，劳动后的快感又促使儿童更加热爱劳动。小学生参与必要的家务劳动，能切身体会到劳动是生活的必需，是对家庭应尽的义务。家长委托孩子浇浇花，洗洗手帕、鞋袜及衣物，收拾玩具，抹抹桌椅等，有利于培养小学生关心他人、富有同情心、义务感等高尚的道德情感，养成有条有理的生活习惯。

小学生与父母共同劳动，分工合作，各自完成指定任务，有利于培养小学生与人协同工作的合作精神，培养参加集体劳动的心理素质。

（2）对学生加强家庭劳动教育。学校利用班队会、午会课加强学生的劳动教育。教育心理学表明，学生掌握知识的过程是一个由感性认识和理性认识相结合的过程。学生感性认识的来源是从学生主动参与亲身经历的各种活动中得到的，因此我们注重了课堂教育与课外活动的结合，在学校开辟生物角，红领巾花圃等，在具体的劳动中培养了学生认真负责，耐心细致，不怕困难的劳动态度。把课堂教育与家庭教育结合起来，提高了学生的生活自理能力并锻炼了他们的人格，把课堂教育和各项社会实践活动结合起来，有助于学生了解社会，提高了一定的社交能力。

不知不觉中，孩子变得爱劳动了，教师反映班里的事大家抢着干了，周边群众反映学生随意采摘花朵，破坏庄稼等不文明的行为也少了，我们也切实感受到了开展家庭劳动教育研究所带来的可喜面貌。孩子们在家校一体化的共同教育下，学会了一些基本技能，懂得了劳动的意义，学会了尊重别人，以及别人的劳动成果，并能体会劳动的艰辛。

通过劳动可以使孩子学会生活，形成健康的人格。在家庭和日常生活中，每个家庭成员主动自觉地承担些家务劳动可以增进家庭的团结和睦，在学校社会，孩子们通过一些集体性的公益性的劳动可以使孩子养成关心他人，尊重他人劳动的良好品质。

家长们对孩子的家务劳动从小明确分工，比如让一年级的孩子自己穿脱衣服，自己系红领巾，系鞋带；二年级的孩子自己整理书包，剥毛豆；三年级的孩子淘米，剥皮蛋，做凉拌豆腐；四年级的孩子帮助家长除草，洗碗；五年级的孩子会烧饭，做番茄炒蛋等简单的菜。双休日不妨让孩子来一回小鬼当家，尝尝当家的滋味，在实际的过程中家长们可以充当助手和配角的身份，给予孩子恰当的劳动技能和安全的指导，既能让孩子有锻炼的机会，又能增强他的责任感。

通过一系列的劳动教育讲座，家长们明白了简单的劳动和读好书之间其实并不矛盾的，体力劳动有时也是一种积极的休息，劳动过程是让学生从不会到会，从领悟到掌握，这就是一个知识和技能的掌握转换和运用过程，这便是素质教育。

通过劳动使学生在实践中边做边学，培养认识问题、分析问题和解决问题的能力，培养创造性思维和动手能力。双手灵巧，热爱劳动的学生，一般都具有比较清晰的思维，这是因为劳动实践能促使脑的思维和手的劳动相结合。手脑结合，脑教导手，手又发展和训练脑，使人心灵手巧，学生的技能越高，他就越聪明。

（3）制作时间内容记录卡。确保劳动的落实，在综合有关小学生现有劳动水平的基础上，整理出一套自测问卷对小学生的劳动时间劳动内容进行对照测评，内容包括一年级：自己穿脱衣服、扫地、系红领巾、擦桌子；二年级：整理书包、书桌、喂鸡、盛饭、剥毛豆；三年级：淘米、剥皮蛋、洗碗、打扫房间；四年级：拣菜、买东西、宅前屋后除草、整理课桌椅、拖地板；五年级：烧饭、做菜、付电费、打扫房间、种植花草等等。

并制作成学生劳动记录卡，记录卡上分别有学生参与劳动的时间和内容，其中家务劳动和自我服务性的劳动由家长签名，集体劳动由伙伴签名，公益性劳动由班主任签名，确保了学生在劳动时间和内容上的落实，每周班会课上反馈一次，队员们相互交流劳动体会。

（4）以少先队活动为载体。加强劳动教育，少先队活动是进行学生思想教育的理想课堂，紧紧抓住这一阵地对学生进行劳动教育。如针对性地开展分年级主题队会活动，以"我们是爸爸妈妈的好帮手""爸爸妈妈我能行"等为主题的班队，从学生自身着手，中高年级由自己，低年级由家长帮助制定好一周劳动计划，并邀请学生家长一起观摩队会，参加亲子劳动小竞赛，提高家长的家庭劳动教育意识和学生的劳动兴趣。

同时结合五小行动评比出能为集体出力，为他人着想，关心集体，热爱劳动的小主人和孝顺父母，主动做家务的小帮手，自己的事情自己做，大家的事情抢着做的小能人，通过橱窗、红领巾广播台等宣传途径加以表扬和激励，从而以榜样的力量辐射全体，激发学生争当小标兵的浓厚氛围。

家长价值取向的理性化和对孩子期望的合理性，教育心态和行为上的逐步归于理性。学生养成了正确的劳动观念，实际动手能力和生活自理能力有了提高，养成较好的人格品质。

15. 弱智儿童劳动意识培养指导

如何让低年级中度弱智儿童知道为什么要劳动，怎样劳动，真正体会到劳动的光荣并养成爱劳动的习惯呢？教师可以从以下几个方面着手。

（1）培养学生的劳动意识和自立精神。要想培养学生的劳动意识和自立精神，就要激发学生对劳动的兴趣，培养爱劳动的情感，实践是：

首先让学生夸夸自己的父母（或长辈）是如何能干，从对能干父母（或长辈）的热爱中引导他们产生对劳动的热爱之情。再给他们讲故事，看图片，了解工人叔叔农民伯伯他们是怎样辛勤劳动的，让他们从图片中了解到钢铁是怎样炼出来的，漂亮的玩具是如何经过一道道工序由叔叔阿姨做出来的，农民伯伯忙着收割，田埂上稻谷堆得像一座座小山的情景，让学生知道他们是怎样辛勤耕耘的。最后让学生就有关的知识内容说说，念念，唱唱，跳跳。经过一系列的活动，弱智儿童不但从理性上认识了劳动，更在实践中逐渐了解了劳动的重要性，是劳动创造了财富，爱劳动是光荣的。

（2）帮助学生学习简单的劳动技能。掌握日常生活的本领，首先让弱智儿童知道自己的事情应该自己做，例如：穿脱衣服，整理自己的书包，摆好自己的桌椅等一些日常的劳动技能，具体方法是先请能干的学生做一遍，然后老师再示范讲解正确的操作过程，结合劳技课比比谁做得好，激发学生参与劳动的兴趣，调动他们的劳动积极性。

其次要求学生能为别人做一些力所能及的好事，在家里帮助父母扫地、擦桌子、收拾碗筷、捡菜等。在学校帮助老师擦窗台、摆桌椅、清扫教室，定期评比，表扬做得好的学生，鼓励操作有困难的学生。同时，让学生在角色游戏中模仿成人劳动，学习简单的劳动技能，体验劳动的快乐。如学生在"工厂"里制作各种玩具，用纸析出"猴子"、"裤子"、"衣服"、"皮球"、"小鸟"、"帆船"后，送到"商场"，当看见有许多人来"买"，学生便会产生成功的体验。

最后，发挥自然角的作用，让学生轮流照料自然角。这样学生既获得了动植物的有关知识，又学到了墒单的种植管理技能。

（3）创设劳动环境，养成劳动习惯。首先让学生轮流做值日生，要完成各项工作，像擦桌椅、清扫等，逐步向他们提出更高的要求，帮助他们改正一些缺点，熟练劳动技能。

其次根据弱智儿童的劳动能力，要求每天到校后把教室内外打扫干净，老师天天检查督促，使学生慢慢地养成天天劳动的习惯，劳动能力也得到逐步提高。

最后让学生去厨房帮阿姨捡菜，拔拔花坛中的草，清扫校园，让弱智儿童在为别人做好事的同时又一次锻炼劳动技能，体会劳动的光荣。

（4）校内校外相结合，巩固劳动习惯。培养学生的劳动习惯，必须取得家长的支持与配合，老师应主动与家长联系，使家长认识到培养弱智儿童爱劳动、会劳动的重要性，要求学生在家里做到自己的事自己做，并适当做些小家务，让其父母说说孩子多能干。老师还应经常和家长沟通情况，商讨好的教育方法，如此持之以恒，弱智儿童定会养成爱劳动的习惯。

16. 青少年劳动意识的教育指导

社会主义教育把劳动作为人的全面发展教育的一个不可分割的部分，学生参加劳动是实现教育与生产劳动相结合的一个基本条件。在劳动过程中可以使学生把书本知识和生产实际联系起来，促进学生对书本知识的理解。同时促进脑力和体力的结合，本文针对当前对青少年学生进行劳动教育问题谈些粗浅的认识。

对学生进行劳动教育的意义

当前随着市场经济发展的需要，为社会培养"四有"新人。适应四化建设。学校培养的人才必须是德、智、体、美、劳全面发展的，为此对学生进行劳动教育有着十分重要的意义。

学校开展对青少年学生进行劳动教育在当前是十分重要的，现在有不少学生对劳动课不重视，对劳动有厌恶感，在劳动中消极怠工，应应付付。导致学生对一些简单的劳动活不会干，在家里是"衣来伸手，饭来张口"，这样的学生到社会上去作用不大。社会主义的学校应培养全面发展的人才，适应社会主义现代化建设，为加速社会主义现代化建设做贡献。如果学校不注意从各方面的教育入手，那就会偏离方向、尤其忽视了劳动教育确实是十分危险的。随着形势的变化和发展，学校对青少年学生加强劳动教育是十分必要的。

劳动是创造物质财富和精神财富的活动。人类社会的存在与发展离不开劳动、劳动创造了一切。劳动是人类生活和发展的基本条件。对学生进行劳动教育可以培养学生的集体主义和爱国主义的思想感情、完成培养学生热爱劳动和参加劳动的思想和勇于战胜困难的意志品质、促进德育的发展。

当前劳动教育中存在的较为突出的问题及原因

学校开设劳动教育课，为培养四有新人创造良好的条件这个目的为出发点，但随着市场经济的发展和深入，人们对开设劳动教育课产生了怀疑，出现了问题。

（1）学生对劳动课不重视，把劳动课当成负担，在劳动中没有主动性和积极性，造成这种情况的主要原因是现在上学的学生很多一部分是独生子女，家长对他们过分溺爱，家中的一切家务都由家长"承包"了。长期下去养成了不良的习惯，学生中学毕业了，还什么都干不了，不能适应四化建设的需要。

（2）体力劳动和脑力劳动都是劳动，一些家长和学生认为体力劳动低人一等。学校搞建校活动家长不愿意让孩子带工具，有个别家长认为送到学校是念书的，不是劳动的，对学校有意见，长期轻视体力劳动的现象还在人们头脑中存在。

（3）劳动技术教育是促进学生全面发展不可缺少的因素，它能培养学生热爱劳动和热爱劳动人民的思想和勇于战胜困难的意志品质，促进德育的发展。目前学校对劳动技术教育不重视，只求升学率，对劳动教育偏废了。劳动教育技术课图了形式，教师不重视，学生更不重视，认为劳动技术课就是劳动时好好干就行了。产生这种观念的主要原因是，学校只重视其他的课，对这门课是可有可无，不讲求效果，只看表面现象，使学生缺少正确的劳动观念。又没有受到基本生产技能的专门训练，就必然会影响四化建设的步伐。

（4）学校开展服务性的劳动和公益劳动，有个别师生怨声载道、不愿意参加，出现在劳动中不带工具，应应付付，观念模糊。主要是学校没有经常开展服务性的劳动，学生对这些劳动缺乏知识与技能。

（5）现在学生的体力和智力不发展，除了上文化课还是文化课，加班加点，使大部分学生体力下降了。出现这种观念的主要原因是学校没有经常有计划地组织学生参加力所能及的生产劳动和技能训练来促进学生的智力和体力的发展。产生以上种种原因是新形势下不可避免的，应强化劳动教育，认识其重要性，采取有力措施，加强劳动教育。

开展劳动教育的有效方法

以道德由低到高，由易到难逐步提高的原则，通过明确意义、培养习惯、学习技能，综合评价，建立制度、巧妙管理几个环节对学生进行劳动教育，主要从以下几个方面展开：

（1）开展一听、二看、三议活动。在学生身边存在着各种各样的劳动人物和场面，学校要经常把劳动模范的事迹讲给学生听，带领学生上社会去看。去调查研究，看劳动人民他们是怎样从事建设祖国的劳动和为他人工作的，看农民伯伯们在田野里的劳动场面，使学生对劳动人民有深厚的思想感情，热爱劳动人民、爱惜劳动成果。

在劳动教育中经经常开展议论，以树立劳动光荣感作为劳动教育的基本点，以劳动光荣，懒惰可耻，劳动不分贵贱，劳动为他人服务，为社会造福，经常开讨论会、演讲会，激发学生热爱劳动的积极性。

（2）要坚持上好劳动课。生产劳动是手脑并用的过程，手的灵活运用到实践的过程，有利于学生对理论知识的理解和巩固，劳动技术教育还能锻炼学生的身体，增强学生的体质。劳动课上，在讲一般的劳动技术的同时要广泛地介绍劳动知识，通过擦洗、修理、种植，让学生认识物质的特点，丰富学生的劳动知识内容。要处理好教师的指导与学生个人的实践关系，劳动教育与其他教育不同的一个显著特点就是它的实践性。只有在劳动实践中才能受到劳动教育，才能学到本领。因此在劳动课中使学生学到一定的基本生产技术知识和某种职业技术的基础知识是十分必要的。

（3）培养学生劳动习惯的。俗话说：习惯成自然，所谓习惯实际上就是头脑里建立一系列的条件反射，这种条件反射就是在重复而有规律的刺激下形成的，在大脑中建立了稳固的神经系统，只要再接受相同的刺激，人们在行动上就会做出自然的反应。比如学生早晨到校值日的习惯，早晨到校自然而然地去找笤帚扫地，不用别人督促。就成为一个人的内心要求。为了达到这个目的，就要常开展劳动评价工作，充分利用综合评价做导向，激励、改进评定的职能，使评价方法逐步成为学生头脑中一系列条件反射的条件之一。

针对青少年学生年龄阶段的不同，评价方法上也要有不同的侧重：低年级学生年龄小，根据他们富于模仿的心理特点，让他们自己身边的榜样身上最直观地看到爱劳动的孩子的具体形象，使榜样对他们习惯的形成与发展产生巨大影响，使他们的头脑形成理想人的形象。因此，低年级的评价工作坚持以表扬，点评为主的方式进行。

在每次劳动结束后都要进行评价，进行记分，同时以表扬出光荣形式，强化评价的导向和激励的职能，让学生体会到劳动后的愉快，把劳动变为学生的自身需要，天长地久便发展为习惯了。

在组织评议时，对学生认识上的问题要积极进行疏导，对学生的实际困难提出克服的办法，对学生的劳动技能的缺乏进行补课。同时利用评价导向，评先进，树标兵，造成既竞赛又合作的局面，自评时能实事求是，评价时能诚恳虚心。

（4）培养锻炼学生劳动意志。在劳动实践中不可避免存在问题和困难。因为困难就放弃劳动教育，这显然是不对的。反之只有在困难中才能培养学生劳动的习惯，才能达到教育的目的，而在各种困难的情况下制度管理是学生能战胜困难的有效条件。

①要设立劳动责任制：要在学生中建立劳动责任制，如卫生大扫除，擦桌子、抬水成了学生们自觉干的事。这样形成了制度，自我意识增强了。自觉地制约了有个人的行动，在劳动教育的过程中每个学生的意志都得到普遍的培养和锻炼。

②要建立家务劳动制度和自我服务性劳动制度：家和学校结合起来加强劳动教育，要在学生和家长中进行同步宣传，明确这两项劳动制安排的意图，增强学生自立能力，养成良好的习惯，增强自我服务性的意识。

总之，在推行素质教育的今天，劳动教育作为人的全面发展教育的一个不可分割的部分其重要性是显而易见的，我们应该大力提倡劳动教育，培养学生热爱劳动的思想观念，劳动技能，促进学生全面发展。

培养学生热爱劳动的好习惯

现在的小学生大多是独生子女，全家人都在围着这些"小皇帝""小公主"转，他们实在被宠坏了。这些学生普遍缺乏必要的劳动意识、劳动习惯和劳动技能。长此下去，势必会影响少年儿童整体素质的提高，更谈不上德、智、体、美、劳的全面发展。

这种状况令人忧虑。坏习惯的养成不在一朝一夕，要改掉它也非一日之功，于是，我们就要从小事入手开展劳动实践教育，从课内到课外，引导学生通过生活自理、帮助同学、学做家务等方式形成良好的劳动习惯。

（1）舆论引导，积极表扬。教师是班级舆论的引导者，教师对于一件事情的态度必然会影响到学生。比如：有的教师会对调皮的学生说："你再不听话，今天就罚你打扫教室。"这类话无形中表明了教师对劳动的态度，暗示学生劳动是件不光彩的事情，是要被人笑话的。无形中在班级内造成了错误舆论。

（2）有偿劳动，端正思想。美国影片《小鬼当家》中小男孩家的生活条件还是不错的，但他仍会在冰天雪地里到邻居太太家门口扫雪，然后从中得到相当的报酬。对于小孩子来讲这钱不算什么，他完全可以向家人要到钱，但这是一种对他劳动的肯定。

在学校，对于学生的普通表现可以用一朵小红花或者一次掌声来表示肯定，学生已经很满足了，对于表现突出的学生会奖励一块橡皮，一把小尺等表示肯定，学生会为得到这样的奖励而乐开花，更加有激情。孩子在家里，爸爸、妈妈完全可以跟他们来个劳动约定，如：每洗一次碗可以得到5角钱，每次孩子洗完后就给他一枚硬币，这个5角钱已经是他自己劳动所挣，可以随时使用，也可以自己保管，待积攒得多了再买个贵点儿的东西。让孩子体会金钱是对自己劳动的肯定，体会到劳动对自己生存的价值，树立正确的金钱观、劳动观。

（3）言传身教，树立榜样。案例：记得在我上小学的时候，一次全校大扫除中，我们班的任务是打扫厕所。同学们听到这个任务后一个个伸伸舌头，眉毛鼻子皱成一团，互相诡秘地对望着笑，一副不情愿的样子。老师看出了我们的心思，讲了一段他自己的故事：他说："我是一个乡下农民的儿子，以前我那儿很穷，一部分家务活就落到了我这个大儿子身上，于是由我担负家里挑水浇菜和清扫牛栏、猪圈这三件又脏又累的活。那时我还是一个十几岁的孩子，多么不容易。挑水浇菜只是累点，但是打扫牛栏、猪圈可真是臭得让你无法忍受。每次打扫牛栏，我都要把裤管卷得高高的。一扫完，就赶忙跑出去，只见两腿上爬满了跳蚤。但我喜爱劳动，因为我深深地知道我的劳动对家人是多么重要……"

听完老师的话后，我们不再嫌弃学校分配的任务，反倒觉得光荣。

劳动开始了，老师和我们一起扛着水管走进了厕所，歌声、笑声夹杂着水声一起从厕所里传出来，大家很开心，我们也更加尊敬老师了。他有着良好的劳动习惯，他的言行我们看在眼里，记在心里，学在行动里。天长日久，我们渐渐养成较好的劳动习惯。这大概就是教师的人格魅力吧。

教师的行为是一种无声的影响，其力量比有声的说教不知要大多少倍。因此，要求教师首先要有良好的劳动习惯，才能收到让学生耳濡目染，近朱者赤的效果。同时，要树立小学生中具有良好劳动习惯的典型，宣传他们的事迹，热情地予以表彰，让榜样带动学生养成良好的劳动习惯。

（4）力所能及，自己动手。在班上组织展开"我会干什么"、"我有一双巧手"、"我能干"等专题讨论。让同学们找到自我劳动的价值，并懂得只有用智慧和双手去整理自己的小房间、收拾书包、整理学习用具，自己的事情自己做，才会有真正的乐趣。还要求学生做到抽屉、桌面、书包干净整洁，个人讲究清洁卫生，并互相学习、相互监督，每天进行评议，评出好的添"红星"。这样一来，学生每天能独立按时完成作业，按课表准备好第二天的学习用具。

在孩子劳动过程中首先要抓好劳动的开端，先从孩子感兴趣的劳动做起，让孩子感受到参加劳动是生活的需要，并让孩子在劳动中获得成功感，慢慢培养孩子爱劳动的习惯。

（5）长期坚持，养成习惯英国教育家洛克把习惯当做培植人生幸福的根基，他指出："事实上一切教育都归根结底为培养儿童的良好习惯，甚至一个人的幸福也往往归结于自己的好习惯。"俄国教育家乌申斯基说过："教育不但应当培养学生对劳动的尊敬和热爱，它还必须培养学生劳动的习惯，因为认真严肃的劳动经常是艰苦的。"

因此，老师和家长都要付出辛劳的汗水，重视孩子良好劳动习惯的培养。

培养学生从小爱劳动的美德，让他们养成爱劳动的习惯，视劳动为光荣，认识到爱劳动的人心灵是美的。有一位心理学家曾经讲过："习惯成自然，自然成性格，性格影响一个人一生的命运。"毫无疑问，劳动教育就是培养学生良好性格、促进学生健康成长的有效途径。希望每个孩子都能养成热爱劳动的好习惯！

17. 高中生劳动观念的培养指导

照道理说，劳动观念和劳动习惯应该从小培养，到了高中阶段，正确的劳动观念应基本形成，良好的劳动习惯也早该养成了，可惜，事实并非如此。

有相当多的家长说，他们的孩子对这些家务活不仅不干，不愿干，甚至认为这些事根本就不应该由他们干。有一位家长是这样描述他与孩子间的一次关于做家务劳动问题的争执的：一天傍晚他下班回家，忙着做饭，发现垃圾桶满了，就叫早已放学在家而现在正在听音乐的儿子去把垃圾倒了，连叫几声儿子都没理睬，他跑过去把收录机关了后又叫他去倒垃圾，儿子居然回答说："你自己的事干嘛叫我去干！"

说到这里，这位家长气愤地说："老师，您瞧瞧，这孩子一点道理都不懂，家务活全成了父母的事，与他无关，好像做父母的就该伺候他似的。"

（1）即使是高中生，其中相当一部分人的劳动观念也是极淡漠的，劳动习惯也是极差的，他们对待劳动本身还有着这样那样的不正确的看法。

一些高中生在家不能积极主动地做一些力所能及的家务劳动，在学校里又怎样呢？通常情况下的初中生，特别是小学生，在家时有可能比较懒，但到了学校相对就勤快多了，相比较而言，高中生则不然，即使在学校，哪怕是在班主任面前，一些同学也不能表现出较积极的劳动热情。

尽管这一现象涉及到诸多的生理、心理方面的因素，但也不能不说这是其劳动观念淡漠，对待劳动本身有着一些不正确的看法所导致的结果。相当一部分高中生就连有限的一点点值日工作都抱着：能溜就溜（轮他值日时，一放学就溜回家或溜到球场上去，让劳动委和小组长找不到他）；不能溜就混（如被"抓"住，就马马虎虎，敷衍了事）；不能混再干（如班主任亲自检查，那没办法，只得认真干一回）的态度。在一次向高一年级学生的不记名问卷调查中，下列几个问题的统计很能说明问题：

①轮你值日时你是否溜过？约*20%*的填"是"；

②轮你值日时你是否想溜过？约*40%*的同学填"是"；

③别人溜了而你却留下来干，是怎么想的？有同学答：不干怕班主任批评；有同学答：我和劳动委、小组长不错，我不能拆他们台；特别是有一个同学答得最有意思：我倒不是怕班主任批评，主要是被班主任叫去谈话我很烦，反正轮我值日的机会并不多，干就干呗……从上述调查情况来看，即使是高中生，其中相当一部分人的劳动观念也是极淡漠的，劳动习惯和劳动自觉性也是极差的，他们对待劳动本身还有着这样那样的不正确的看法，这是摆在我们面前的一个不可忽视的问题。

诚然，独生子女在家里或多或少都要受到宠爱，这种宠爱对他们形成正确的劳动观念和养成良好的劳动习惯是不利，但把这个问题完全归罪于"独生"也是不公平的。除了家庭教育外，我们的学校教育，我们教育工作者，特别是作为他们的班主任，不该负起一些责任来吗？那么，我们该怎样去做呢？

（2）"人才，人才"先要成"人"，然后才谈得上成"才"。如不能尊重父母、老师、同学，不能尊重他们的劳动，一味只要求他人为自己服务，衣来伸手，饭来张口，而不愿通过一些力所能及的劳动来服务于他人，这成什么"人"？

不成"人"，还谈什么"成才"？

一些家长"望子成龙"、"望女成凤"，只要孩子学习好，其他方面的要求（特别是劳动方面）就大大地降低了。家长们谈及孩子的劳动观念和劳动习惯时，就有不少家长说："只要孩子能好好读书，我根本不需要他做家务，为他干什么我都愿意。"在学校教育中，甚至也会有老师自觉或不自觉地认为：只要学习好就是好学生。所有这些，都是造成学生劳动观念淡漠和缺乏良好的劳动习惯及劳动自觉性的主要原因。

鉴于此，要帮助高中生进一步形成正确的劳动观念，培养起良好的劳动习惯和劳动自觉性，首先应从思想上帮助他们认识到：作为一个人，参加一些必要的劳动，这是他对这个社会应负的责任和应尽的义务，同时也是与他本人的"成人"、"成才"目标有着密切联系的。而让学生意识到这一点，又应首先让时时刻刻通过自身的言行，潜移默化地影响着他们的老师和家长们清醒地认识到这一点。

当然，要让家长、学生在思想上真正意识到劳动与"成人"、"成才"的内在联系，仅仅是开几次会，讲几次话是远远不够的。因此，家访很重要。家访中能够从家长处了解到同学在家除了贪玩，毫无节制地看电视，做功课坐不住等毛病外，还有就是较为普遍的问题：懒，不愿做家务。可以利用班会上谈家访情况时重点批评某同学的不愿做家务的缺点。他们感到奇怪：怎么别的"大缺点"不批评，却在这"小问题"上做文章？针对同学们这种模糊认识，总结说："一切坏事都是从不劳动开始。缺乏正确的劳动观念和良好的劳动习惯，这不是小事情，是成'人'，成'才'的重大障碍。之所以在这样的'小问题'上做'大文章'，就是想提醒所有同学注意到这一点，从形成正确的劳动观念，养成良好的劳动习惯开始做起，逐步地成'人'，进而成'才'。"

类似的工作长期坚持下去，就可以使同学们在对待劳动问题的认识上或多或少有不同程度的提高。

（3）社会缺少了你的那份劳动，社会还是那个社会；你若缺少了你应付出的那份劳动，你就不是那个你了。

一些同学思想上对劳动本身的一些不正确的认识，也是使他们形成正确的劳动观念和养成良好的劳动习惯的重大障碍。这些不正确的认识主要表现在相当一部分同学认为：我付出劳动，受益的是别人。特别是我付出像家务、值日这样的不能从中获得丝毫物质报酬的劳动，尤其是这样。因此，我当然有理由尽可能地节制这类劳动的付出。

这种想法，实质上就是一部分同学的那种对待值日工作"能溜就溜，不能溜就混，不能混再干"的态度的思想根源。借助于"主题班会"、"辩论会"等适当的形式讨论甚至争论一些有关劳动本身的问题。通过讨论、争论，使大多数同学在一些有关劳动的问题的看法上取得了一致，特别是对无物质报酬劳动的收益问题，社会缺少了你的那份劳动，社会还是那个社会，你若缺少了你应付出的那份劳动，你就不是那个你了。

劳动，说到底是与付出劳动的你关系最为密切的事。尽管这里面有你的辛劳和汗水，但相应地也必然有你的甜蜜与收获。像值日、家务这类无物质报酬的劳动，最能帮助一个人形成正确的劳动观念，帮助一个人养成良好劳动习惯和劳动自觉性，同时也最能折射出一个人的道德品质。

不仅在观念上澄清部分同学对劳动的不正确认识，我们还在制度上给以保证。班级的值日工作有一个切实可行的规章制度（包括奖惩制度），实践证明：观念上统一认识，可以使同学们心情愉悦地投入劳动；制度上合理可行，又可以保证劳动在有条不紊中进行。

二者对于劳动观念的形成和劳动习惯的培养都是不可缺少的。

高中生劳动观念的形成和劳动习惯的培养，这不是一件可做可不做的工作，而是关系到学生成人，成才的，非做不可，且非做好不可的工作；同时这又不是一件轻而易举就能做好的工作，而是必须动脑筋、花气力才能做好的工作。

1. 节省每一个便士

英国女王伊丽莎白二世比达拉斯或阿拉伯的任何石油富豪和巨贾更为富有。据说，她的财产价值不下 25 亿英镑。虽然如此富有，女王仍然十分注意节约。有句英国谚语常挂在女王的嘴边："节约便士，英镑自来。"

在白金汉宫，不仅照明，而且供暖也是保持在最低限度，因女王用小电炉来暖和宽敞的大厅。应邀到郊外农村的皇家住宅去做客的人，被告知需带毛衣，因为那里"暖气并非整天 24 小时都供"，而且还请应邀者自带酒去，因为"我们并不是大酒鬼"。

皇宫里相当部分的家具已经"老掉了牙"，几乎要散架了。自维多利亚女王时代以来，皇宫里的家具从未更新过。当参观皇宫者看到经过修补的沙发和地毯、已经很不像样的挂毯、满是灰尘的书房时，无不为之惊叹。

女王坚持皇家只用上面印有盖尔斯王子纹章的特制牙膏，因为这种牙膏可以挤到一点也不剩下。女王如果看见掉在地上的一根绳子或带子，也要捡起来塞进口袋里，可能在什么时候这些东西会有用场。女王很喜欢马，但在马厩里，马不再睡在干草上，而是睡在旧报纸上，因为干草太贵。

女王自己以身作则，同时要求其家人也要按节约精神办事。就是她的丈夫菲利普，钱包也是扣得紧紧的。看到饭馆里酒价飞涨，到了圣诞节，他请宫廷人员在一家豪华旅馆里吃饭时，他便自己准备了一些酒带去。

2. 记下每笔钱的用途

洛克菲勒家族在美国是首富，但是他们家族中没有一个人挥金如土。戴维的祖父老洛克菲勒在他年轻时候就开始记录个人的收支账目，每一分钱都要在这个账目上写出用途和使用时间，每一笔开支必须有正当而可靠的理由。老约翰在临死时将他的传统交给了儿子小约翰·洛克菲勒。小洛克菲霸继承了父亲的光荣传统，又把它像接力棒一样传了下去。

在戴维的记忆里清楚地记着一件难忘的往事，在他 7 岁的时候，小约翰·洛克菲勒把他叫到自己的房间里，意味深长地说："戴维，从现在开始你可以每周获得 30 美分的零用钱，我想听听你打算如何处置这 30 美分。"

戴维高兴地回答："爸爸，我想您会同意我花 10 美分去买我最喜爱的巧克力。另外，我要和哥哥们一样拥有一个储钱罐，我每周节省 10 美分放进去。剩下的 10 美分我做机动处置，如果到星期六还没有花出去的话，我可以考虑在做礼拜之前捐给教堂。"

"对你的处理我十分满意，可爱的孩子。不过，我还有一个小小的要求。就是在拿到每周零花钱时，附带一个小本子，你必须在本子上记下每笔钱的用途。""爸爸，有这个必要吗？"戴维·洛克菲勒不解地问道，"您说过这是我的零花钱，我有权自由处理的啊！"

"当然是有必要的，这是你祖父创立的传统。洛克菲勒家庭的每个孩子都要这样做的。你在每天花了钱之后，晚上在睡觉之前，记下花钱的原因、数目，并给这笔开销的必要性做一个合情合理的解释。这里面有一点我想有必要提醒你一下，所有的记录必须要真实，你知道诚实是最宝贵的。"

"爸爸，我记住了。"

"对了，我每周在发给零花钱之前，都要检查你的花钱记录本。如果你的记录令我满意的话，你会得到一点小小的奖赏，那就是在30美分之外再加上5美分；要是记得模糊不清的话，相应地要将30美分扣为25美分。"

戴维少年时所受的"账目训练"对他以后的理财生涯受益匪浅。

3. 老板与员工

在合资公司做白领，觉得自己满腔抱负没有得到上级的赏识，经常想：如果有一天能见到老总，有机会展示一下自己的才干就好了！

A 的同事 B，也有同样的想法，他更进一步，去打听老总上下班的时间，算好他大概会在何时进电梯，他也在这个时候去坐电梯，希望能遇到老总，有机会可以打个招呼。

他们的同事 C 更进一步。他详细了解老总的奋斗历程，弄清老总毕业的学校，人际风格，关心的问题，精心设计了几句简单却有分量的开场白，在算好的时间去乘坐电梯，跟老总打过几次招呼后，终于有一天跟老总长谈了一次，不久就争取到了更好的职位。

4. 富家子弟

有个富家子弟特别爱吃饺子，每天都要吃。但他又特别刁，只吃馅，两头的皮尖尖就丢到后面的小河里去。

好景不长，在他十六岁那年，一把大火烧了他的全家，父母急怒中相继病逝。这下他身无分文，又不好意思要饭。邻居家大嫂非常好，每餐给他吃一碗面糊糊。他则发奋读书，三年后考取官位回来，一定要感谢邻居大嫂。

大嫂对他讲：不要感谢我。我没有给你什么，都是我收集的当年你丢的饺子皮尖，晒干后装了好几麻袋，本来是想备不时之需的。正好你有需要，就又还给你了。他思考良久，良久。

5. 富翁的诡计

有一位富翁富得流油，钱多得用不完，可总是感觉不快乐。他每天乘车回家都要经过一个垃圾场，垃圾场里总有几个穿得破破烂烂的人在拾垃圾。

有一天，富翁无意中发现拾垃圾的几个人总是那么高兴，似乎总有许多可笑的事能逗得他们哈哈大笑。富翁十分嫉妒，认为自己虽然有钱，却还没有几个拾垃圾的过得愉快。无聊之极的富翁终于想出了一条诡计。

一天，富翁把那几个拾垃圾的人喊过来说："我需要你们每天给我修剪院子里的草坪。管吃管住，每个月还能领到薪水。"那几个人听了，十分高兴地接下了这份工作。从此，他们不用风餐露宿，而且修剪草坪的活计对他们来说简直太轻松愉快了。他们每天仍是快乐无比地完成了手中的活，把草坪也修得整整齐齐。谁知，两个月后，富翁把他们找来说："由于生意不景气，要节省开支，准备把薪水扣除一半。那几个人于是开始在背地里牢骚满腹，草坪修剪得也不如以前认真了。又过了一个月，富翁把剩下的薪水又扣除大半，几个工人每月只能领到可怜的几个钱。工人们更加不满了，干活时骂骂咧咧，可是又没有人再愿意去过以前那种食不果腹的生活。"

没过几天，富翁在几个工人中间选了一个平日里又懒又蠢的人作为他们的管理员，并给他加了薪，而且不用干活。这一举动简直把其他的几个人给气炸了，整日怨气冲天，却又无可奈何。慢慢地，就有些人开始讨好管理员，希望能为自己加一点薪水或分到比较轻松的活计。于是，阿谀奉承者有之，偷奸耍滑者有之，暗箭伤人者有之，一时间个个八面玲珑，往日融洽的气氛不仅荡然无存，而且相互猜疑、妒忌的不良情绪正滋生蔓延。

终于有一天，富翁把他们几个人全部解雇，让他们又返回了垃圾场。

现在，富翁每日驱车从垃圾场经过，再也看不到以前他们高兴的场面，偶尔还能看见他们为争抢垃圾而打架。看到这一切，富翁似乎感到舒服了许多。

6. 船王与儿子

有位船长有着一流的驾驶技术，他曾驾着一艘简陋的帆船在台风肆虐的大海中漂泊了半个月，最后死里逃生。后来，他有了一艘机帆船，他又多次驾驶着他的新船行程几千里到过海洋最深的地方，渔民们都称他为"船王"。

船王有一个儿子，是他惟一的继承人。船王对儿子的期望很高，希望儿子能掌握他的驾驶技术，开好他设计的这条船。船王的儿子对驾驶技术学得也很用心。

船王的儿子到了成年，他驾驶轮船的知识已经十分丰富了。船王便放心地让他一个人驾船出海。第一次出海，他的儿子就死于一次台风中，一次对渔民来说也十分微不足道的台风。

船王十分伤心：我真不明白，我的驾驶技术这么好，我的儿子怎么会这么差劲？我从他懂事就教他如何驾船，从最基本的教起，告诉他如何对付海中的暗礁，如何识别台风前兆，又如何采取应急措施。凡是我积累下来的经验，我都毫无保留地传授给了他，可是，他却在一个很浅的海域内丧了生。

船王不明白他的儿子为何会死，你明白吗？船王一直手把手的教儿子，一直跟着儿子。他只传授儿子技术，却不能传授儿子教训，也不让儿子经历教训。对于知识来说，没有教训作为根基，知识只能是纸上谈兵。从小不让孩子摔跤，等长大了，摔一跤就再也爬不起来了。

7. 洛克菲勒与一美分

石油大王约翰·洛克菲勒，是美国 19 世纪的三大富翁之一。洛克菲勒享有 98 岁高寿，他一生至少赚进了十亿美元，捐出的就有七亿五千万。

他平时花钱却十分节俭。有一次，他下班想搭公车回家，缺一美分，就向他秘书借，并说："你一定要提醒我还，免得我忘了。"秘书说："请别介意，一美分算不了什么。"洛克菲勒听了正色说："你怎能说算不了什么，把一美元存在银行里，要整整两年才有一美分的利息啊！"

还有一件事。落克菲勒习惯到一家熟识的餐厅用餐，餐后，给服务生两美分的小费。有一天，不知何故，他只给了一美分。

服务生不禁埋怨说："如果我像你那么有钱的话，我绝不吝惜那一美分。"洛克菲勒笑了笑说："这就是你为何一辈子当服务生的缘故。"

8. 丘吉尔炒股

据说爱因斯坦死后进入天堂，上帝将他安排在一间 4 个人的房间里。

爱因斯坦问第一个人智商是多少，那人回答为 160。爱因斯坦喜出望外地说："好！我正担心来到这里找不到探讨相对论的伙伴呢！"

他又问第二个人，那人说他的智商是 *120*。爱因斯坦显然有点失望，叹了口气说："罢了，我们还是能探讨些数学问题的。"他是了后问第三个人，那人说自己智商不到 *80*，爱因斯坦皱起了眉头，良久之后说道："看来我们只能侃侃股市了。"

上面这则笑话仅是杜撰之作，不足为据，那么英国前首相温斯顿·丘吉尔早年在华尔街股市小试牛刀，结果折戟沉沙的轶事则是有真凭实据的。

1929 年，丘吉尔的老朋友、美国证券巨头伯纳德·巴鲁克陪他参观华尔街股票交易所。那里紧张热烈的气氛深深地感染了丘吉尔。当时他已年过五旬，但狂傲之心丝毫未减。在他看来，炒股赚钱实在是小菜一碟。他让巴鲁克给他开了一个户头——"老狐狸"丘吉尔要玩股票了。

丘吉尔的头一笔交易很快就被套住了，这让他很丢面子。他又瞄准了另一只很有希望的英国股票，心想这家伙的老底我都清楚，准能大胜。但股价偏偏不听他的指挥，一路下跌。他又被套住了。

如此折腾了一天，丘吉尔做了一笔又一笔交易，陷入了一个又一个泥潭。下午收市钟响，丘吉尔惊呆了，他已经资不抵债要破产了。正在他绝望之时，巴鲁克递给他一本账簿，上面记录着另一个温斯顿·丘吉尔的"辉煌战绩"。原来，巴鲁克早就料到像丘吉尔这样的大人物，其聪明才智在股市之中未必有用武之地，加之初涉股市，很可能会赔了夫人又折兵。因此，他提前为丘吉尔准备好了一根救命稻草。他吩咐手下用丘吉尔的名字开了另一个账户，丘吉尔买什么，另一个"丘吉尔"就卖什么；丘吉尔卖什么，另一个"丘吉尔"就买什么。

丘吉尔一直对这段耻辱的经历守口如瓶，而巴鲁克则在自己的回忆录中详细地记述了这桩趣事。

9. 市场买货

张三和李四是一对要好的朋友，两个人平时没事就相约闲逛，溜溜古玩市场，顺便淘点宝贝。这次他们到了一座古城。到了目的地后，李四在客栈里喝茶看书，张三到街上闲逛，他看到路边有一个老妇人在卖一只玩具猫。

老妇人对他说，这只玩具猫是祖传宝物，因为儿子病重无钱医治，不得已才将它卖掉。张三随手拿起玩具猫，发现猫身很重，似乎是用黑铁铸就的。猛然间，张三发现，那一对猫眼是用珍珠做成的，他为自己的发现欣喜若狂，赶紧问老妇人这只玩具猫要卖多少钱。老妇人说，因为要为儿子医病，所以 300 元便卖。

张三说："那么我就出 100 元买这两只猫眼吧？"

老妇人在心里合计了一下，认为也比较合适，就答应了。张三回到旅店，兴奋地对李四说："我仅仅花了 100 元就买下了两颗大珍珠，真是不可思议。"

李四发现两只猫眼的的确确是罕见的大珍珠，便询问事情的经过。听完张三的讲述，李四立即放下手中的书，跑到街上，找到了那位老妇人，要买那只玩具猫。老妇人说："猫眼已经被别人先买去了，如果你要买，就给 200 元吧。"

李四付钱将玩具猫买了回来。"你怎么花 200 元去买一只没眼珠儿的玩具猫啊？"张三嘲笑他。

李四并不在意，反而向店小二借来一把小刀，刮开猫的一个脚。黑漆脱落后，居然露出灿灿的黄色，他兴奋不已地大喊道："果然不出我所料，这玩具猫是纯金的啊！"

当年这只玩具猫的主人，一定怕金身暴露，便将它用黑色漆了一遍。后悔不已的张三问李四是如何发现这个秘密的。李四笑道：

"你虽然能发现猫眼是珍珠的，但你没有想到，猫眼既然是珍珠做成的，那么它的全身能会是不值钱的黑铁所铸吗?"

10. 铁匠的日子

有一位铁匠平日总是挑着担子巡回乡里，为村民修补器具。因为他的手工精巧，心地善良，价格公道，老少无欺，所以生意一直很不错，收入也不错，以此手艺养活全家绰绰有余。

有一天，铁匠照例挑着担子走在大马路上，希望揽些生意。忽然间，听到皇帝御车即将经过的消息，他赶紧闪开并趴在路边，心里非常激动，因为他老早就想仰望天子的圣颜。

没想到"喀啦喀啦"的马车声并未如预期消失在远方，铁匠好奇地抬头一看，当他看到御车停在他面前时，他吓得趴在地上猛磕头。

原来，当皇上经过铁匠时，看到搁在他身旁的担子，认为他应该是名工匠，而恰巧皇冠因为车子过于震动而有些松脱了，所以才要他修理。

铁匠跪在地上将皇冠修好，皇上看了他精巧的手艺之后，很是满意，铁匠得到了一百两银子的赏赐。

铁匠兴奋地由小路奔跑回家，却看见一只猛虎堵在小路出口。铁匠非常害怕，但等他仔细一瞧，发现这只猛虎似乎并无恶意，它高举一只手掌，面露痛苦的表情。

铁匠大胆地走过一瞧，发现老虎的掌心被一根竹刺扎在肉里，他急忙取出工具，将竹刺拔了出来。老虎为了报答铁匠，还特地衔来一头鹿作为报酬。

这位铁匠得意非凡，认为自己做了天下最了不起的事。而且他觉得修皇帝的帽子和拔老虎的刺比以前赚得多了，便从此不再巡回乡里为人修补，而在自己家门口挂起招牌，招牌上写道：专修皇帝帽子，兼拔虎刺。

从此，铁匠的生意越来越少，门可罗雀全家也养活不了。

11. 林肯的胡子

在美国第 16 任总统林肯的故居里，挂着他的两张画像，一张有胡子，一张没有胡子。在画像旁边墙上贴着一张纸，上面歪歪扭扭地写着：

亲爱的先生：

我是一个 11 岁的小女孩，非常希望您能当选美国总统，因此请您不要见怪我给您这样一位伟人写这封信。如果您有一个和我一样的女儿，就请您代我向她问好。要是您不能给我回信，就请她给我写吧。我有四个哥哥，他们中有两人已决定投您的票。如果您能把胡子留起来，我就能让另外两个哥哥也选您。您的脸太瘦了，如果留起胡子就会更好看。所有女人都喜欢胡子，那时她们也会让她们的丈夫投您的票。这样，您一定会当选总统。

格雷西

1860 年 10 月 15 日

在收到小格雷西的信后，林肯立即回了一封信。

我亲爱的小妹妹：

收到你 15 日的来信，非常高兴。我很难过，因为我没有女儿。我有三个儿子，一个 17 岁，一个 9 岁，一个 7 岁。我的家庭就是由他们和他们的妈组成的。关于胡子，我从来没有留过，如果我从现在起留胡子，你认为人们会不会觉得有点可笑？

真诚地祝愿你！

亚·林肯

第二年2月，当选的林肯在前往白宫就职途中，特地在小女孩的小城韦斯特菲尔德车站停了下来。他对欢迎的人群说："这里有我的一个小朋友。我的胡子就是为她留的。如果她在这儿，我要和她谈谈。她叫格雷西。"这时，小格雷西跑到林肯面前，林肯把她抱了起来，亲吻她的面颊。小格雷西高兴地抚摸他的又浓又密的胡子。林肯对她笑着说："你看，我让它为你长出来了。"

12. 把自己变"穷"

一次朋友讲了这样一样故事：

有一次，我趴在沙发上小憩，正瞥见一枚晶亮的10元硬币，滚落在客厅一角。我呼唤儿子：

"看哪，有10块钱在地板上，谁先抢到，就归谁！"

很多父母大概已经猜到了，最后去抢那10元硬币的是我自己。现在孩子宁可把握时间多翻几页漫画，也不肯挪动双脚去捡区区10元。

又一次，我叮咛大儿子把随手放置的200元零用钱收好，不然，我会没收……我威胁的话还没话完，大儿子慷慨地回了一句："你要呀？你收吧，送给你。"

我知道，时代不同了！我没有办法让儿子理解我们这一代贫穷的经历，他们顶多故作被感动状地听我"讲古"，听罢仍然依旧。

但是，与家人同舟共济地在贫穷中奋斗，是多么重要的人生经历啊！我可以认定那段吃苦的岁月，是支持我这半生努力上进的力量源头。我还记得和哥哥姐姐一张张粘奖券袋的日子，我粘得那样努力，因为那是我所能与父母分劳的工作。

我还记得每一次开学前，母亲把一个蓝布袋解开，摩挲着每一个她喜爱的金饰，讲述着每一个首饰的来历，再默默地把金饰交给

70

父亲带走……大概到读完大学时，蓝布袋已经空了。那个时代，要是听说有人在路上捡到了 5 毛钱，孩子都要津津乐道地传颂着某人的运气，并张大眼搜寻着自己经过的每一方寸土地。谁又想得到，若干年后，大咧咧躺在地上的 10 元钱，却引不起孩子们瞧一眼的兴趣。

我坐了一个下午，追忆自己每一段清苦而努力的过程。于是，我替自己和孩子下了一个决定——我们家必须要变"穷"。

我向工作的补习班请了长假，他们同意让我过半年闲散的日子，换换心情，充充电。我再欺骗孩子：妈妈身体不好，必须辞职休养，以后靠爸爸一个人养爷爷、奶奶。外公、外婆，房屋贷款、汽车贷款……重点就是——我们家变穷了，不要说电玩卡带、超人、怪兽买不起，连吃饭都很勉强了。为了"剧情"逼真，我还陆陆续续地向他们兄弟俩借钱——因为妈妈没买菜钱了。

一大早上。大儿子捏着一张黄色的通知单，充满犹豫的眼神说："妈妈，羊奶不要再订了，一个月要 450 元，我不想再订了！"我很费了一番唇舌才让他带了钱到学校订羊奶。我也不知道他到底有没有听懂"家里虽然很穷，但订羊奶的钱一定会有"的道理。

但家里既然很穷，做母亲的似乎也不应该驻足任何橱窗或框台之前了。偶尔，我会忘形地想看清楚某一件衣服的式样，或是某一项电器的售价。这时，儿子会很好意地大声提醒我："妈妈走啦，不要看啦，我们家那么穷，等你看了喜欢，又买不起，会很痛苦的。"

我能说什么？我只能在路人的侧目与售货员的注视下仓皇而逃了。最尴尬的一次，是在一家书店里，小儿子取下了货架上一盒最小的乐高玩具，央求我买。大儿子在我还没来得及反应时，便夺过玩具，放回货架，高声怒斥弟弟："还敢买玩具，一盒 100 多块，家里已经没钱买菜了，还要为难妈妈！"我只好牵着正义的哥哥与号啕的弟弟，在众人温暖而同情的注目下离开。

又是一个清晨，但我较平常晚起了半个钟头，狼狈地朝梳洗妥当的大儿子手中塞了50元："对不起，来不及做便当了，到学校订个便当好了。"儿子迟迟没有动，我正不耐烦地想催他，却发觉他的泪水在眼中打转："我拿走50元，你今天有钱用吗?"

到这里，我已经有罪恶感，这一段母子受难记，不能再演下去，留个回忆就够了。这一段贫穷的试练，不能说没有效果。起码，这两兄弟见到钱包中的钱，也懂得是种幸福了。眼看着两个儿子都有点守财奴的倾向了，我最近又在想，我是不是该出个点子，让他们知道:

金钱其实也没有那么重要，而且我们也没那么穷。

13. 场面话

某甲在一公家单位服务，十几年没有升迁，于是透过朋友牵线，拜访一位经管调动的单位主管，希望能调到别的单位，因为他知道那个单位有一个缺，而且他也符合资格。

那位主管表现得非常热烈，并且当面应允，拍胸脯说："没问题!"

某甲高高兴兴地回去等消息，谁知半个月、一个月、两个月过去，一点消息也没有，打电话去，不是不在就是"正在开会"，问朋友，朋友告诉他，那个位置已经有人捷足先登了。他很气愤地问朋友："那他又为什么对我拍胸脯说没有问题?"他的朋友也不知如何回答才好。

14. 鞋的由来

这是几千年以前的事情了。

那时，有一个国家。因为鞋子还没有产生，所以人们都赤着脚，即使是冰天大雪地也不例外。国王喜欢打猎，他经常出去打猎，但是他进出都骑马，从来不徒步行走。

有一回他在打猎时偶尔走了一段路，可是真倒霉，他的脚让一根刺扎了。他痛得"哇哇"直叫，把身边的侍从大骂了一顿。第二天，他向一个大臣下令：一星期之内，必须把城里的大街小巷统统铺上毛皮。如果不能如期完工，就要把大臣绞死。

一听到国王的命令，那个大臣十分惊讶。可是国王的命令怎么能不执行呢？他只得全力照办。

大臣向自己的下属官吏下达命令，官吏们又向下面的工匠下达命令。很快，往街上铺毛皮的工作就开始了，声势十分浩大。

铺着铺着就出现了问题，所有的毛皮很快就用完了。于是，不得不每天宰杀牲口。一连杀了成千上万的牲口，可是铺好的街还不到百分之一。

离限期只有两天了，急得大臣消瘦了许多。大臣有一个女儿，非常聪明。她对父亲说："这件事由我来办。"

大臣苦笑了几声，没有说话。可是姑娘坚持要帮父亲解决难题。她向父亲讨了两块皮，按照脚的模样做了两只皮口袋。

第二天，姑娘让父亲带她去见国王。来到王宫，姑娘先向国王请安，然后说："大王，您下达的任务，我们都完成了。您把这两只皮口袋穿在脚上，走到哪儿去都行。别说小刺，就是钉子也扎不到您的脚上！"

国王把两只皮口袋穿在脚上，然后在地上走了走。他为姑娘的聪明而感到惊奇，穿上这两只口袋走路舒服极了。

国王下令把铺在街上的毛皮全部揭起来。很快，揭起来的毛皮堆成了一大堆，用它们做了成千万双鞋子。

大臣的女儿不但得到了国王的奖赏，而且受到全国老百姓的尊敬。自此后，人们开始穿鞋子，并想出了不同的样式。

15. 米开朗基罗改雕像

有一块上好的雕刻石材却被一名拙劣的雕刻师给凿坏了。他在应该是雕人物腿的部分误凿了一个洞，于是这块不可多得的大理石就被遗弃在一个教堂里了。

有一天，有人请来了米开朗基罗。他们认为，只有他可以运用这块大理石石材，并且能运用地非常出色。米开朗基罗看了看这块石头，得出了一个结论：他可以雕出美丽的人形，只要调整姿态遮掩住被破坏的部位。

米开朗基罗决定雕刻手上拿着弹弓的年轻大卫。几星期之后，米开朗基罗完成得差不多了，在作最后的修饰。一天，该市的市长进入工作室。他自以为是行家，仔细地品鉴了这项作品，最后他告诉米开朗基罗，虽然这是了不起的杰作，但是鼻子太大了。

米开朗基罗知道市长正好站在大雕像的正下方，因此视角不正确。他不说一句话，只是招呼市长随他爬上鹰架，到达鼻子的部位，他拿起刻刀和木板上的一些碎大理石，市长站在下面的鹰架上。米开朗基罗开始用刻刀轻轻敲着，让手上搜集来的石屑一点一点掉下去。

事实上他没有改动鼻子，但是看起来好像在努力修改，几分钟装模作样之后，他站到一边说："现在看看吧！"

市长回答："我比较喜欢这样，你让它栩栩如生了。"

16. 做自己的主人

小牛见母牛在农民的皮鞭下汗流浃背地耕地，感到很难过，就问:"妈妈,世界这么大,为什么我们一定要在这里受苦,受人折磨呢?"

母牛一边挥汗如雨,一边无可奈何地回答:"孩子,没办法啊,自从咱们吃了人家的东西,就身不由己了,祖祖辈辈都这样啊!"

17. 聪明的儿子

从前有一个拥有万贯家财的大富翁,知道自己得了不治之症,所剩的日子也不多了,打算把遗产交代给自己的独生子。

然而此时他的儿子在外地做生意,一时半会儿回不来。富翁的仆人很狡猾,他担心自己的遗产会落入仆人手中,于是就把仆人叫来。

富翁:"仆人哪,儿子归期未定,但我的身子一天一天恶化,如果有一天,我撑不下去,闭上眼了,但是儿子还没回来,你就把这份东西交给儿子。"

仆人:"这是什么呀?"

富翁:"你别问,只要交给他就行了。"

果然,等不及独生子返乡,大富翁就撒手人寰了,仆人于是把遗嘱转交给独生子。

而仆人早在富翁交遗嘱给他时,见机不可失,就擅自篡改成对自己有利的内容。

等到独生子回来一看,上面竟然写着:"我所有的财产之中,可以由独生子任选其中的一项,其余的则全部送给多年服侍我、陪在我身边的仆人。"

仆人心想自己就要成为大富翁了,得意地问独生子:"这么多的财产,你就好好地挑一样吧,我不会吝啬的!"

独生子想一想之后说:"我决定了。"

仆人："你尽管说吧!"

独生子大声地说:"我选的就是你!"

于是所有的财产顷刻间又都回来了。

18. 青蛙与蝎子

有一天,一只青蛙坐在河边。一只蝎子路过,对他说:"青蛙先生,我想过河,可是我不会游泳。你能不能发发慈悲,让我坐在你背上,把我送过河?"

青蛙说:"可你是蝎子啊,蝎子最喜欢蜇青蛙了。"

蝎子说:"我蜇你干什么? 我的目的是到何对岸去。"

"好吧",青蛙说"只要你不蜇我,上来吧,我送你过河。"

可是,他们才到河中间,蝎子就不由自主地使劲蜇了青蛙一下。青蛙痛苦挣扎着,奄奄一息地问"你为什么要蜇我啊,这下子,我们两个都活不成了。"

蝎子说:"没办法,因为我是蝎子,蝎子就喜欢蜇青蛙,我实在管不住自己。"

19. 聋哑人

有位教授向学生出了这么一道考题:一个聋哑人到五金商店买钉子,先用左手捏着两只手指做持钉状。然后右手做捶打状。售货员以为他要买锤子,便递过一把锤子,聋哑人摇摇头,指了指自己做持钉状的两只手指(意思是想买钉子),售货员终于醒悟过来,递上钉子,聋哑人高高兴兴地买到了自己想买的东西。这时候,又来了一应盲人顾客,他想买剪刀……教授说到这里,停顿一下,提出下面这个问题:大家能否想象一下,盲人如何最简单的方法买到剪刀？

听过教授刚才的叙述，有个学生立即举手回答："很简单，只要伸出两个手指头模仿剪刀剪东西就可以了。"对于这应学生的回答，全班都表示同意。

这时，只听教授微笑说："其实，盲人只要开口说一声就行了。因为盲人并非聋哑人，自己能说话。而如果用手指模仿剪刀剪东西，自己反倒看不见。因此，请大家记住，一个人一旦陷入思维的误区，钻进牛角尖，智力就在常人之下。"

20. 小镇故事

在一个偏远、封闭的小镇只能听到两个电台：第一电台专门广播名人消息、节目，或是热门歌曲排行榜，它的收听率相当高；第二电台则是气象专业电台，它的听众只有一小群人。一天晚上，气象电台发出紧急警告：一个威力惊人的"龙卷风"将在午夜来袭本镇。电台呼吁镇民立即疏散他处。这一小群听众立刻组织起来，有的去找镇长，有的到街上敲锣打鼓，有的打电话给第一电台，请求播出龙卷风消息，好保存身家性命。

镇长说："本镇从未有过龙卷风，龙卷风的消息是气象电台误报或捏造，为的是提高收听率。"

敲锣打鼓的人则视为疯子。而第一电台则以现场正在访问名人为由，不想插播这一条"生死存亡"的消息。小镇被夷为平地，后来者没有人知道这块地曾经是一个小镇。

21. 五百两黄金买死马

《战国策·燕策一》记载：燕国国君燕昭王一心想招揽人才，而更多的人认为燕昭王仅仅是叶公好龙，不是真的求贤若渴。于是，燕昭王始终寻觅不到治国安邦的英才，整天闷闷不乐的。

后来有个智者郭隗给燕昭王讲述了一个故事，大意是：有一国君愿意出千两黄金去购买千里马，然而时间过去了三年，始终没有买到，又过去了三个月，好不容易发现了一匹千里马，当国君派手下带着大量黄金去购买千里马的时候，马已经死了。可被派出去买马的人却用五百两黄金买来一匹死了的千里马。国君生气地说："我要的是活马，你怎么花这么多钱弄一匹死马来呢？"

国君的手下说："你舍得花五百两黄金买死马，更何况活马呢？我们这一举动必然会引来天下人为你提供活马。"果然，没过几天，就有人送来了三匹千里马。

郭隗又说："你要招揽人才，首先要从招纳我郭隗开始，像我郭隗这种才疏学浅的人都能被国君采用，那些比我本事更强的人，必然会闻风千里迢迢赶来。"

燕昭王采纳了郭槐的建议，拜郭槐为师，为他建造了宫殿，后来没多久就引发了"士争凑燕"的局面。投奔而来的有魏国的军事家乐毅，有齐国的阴阳家邹衍，还有赵国的游说家剧辛等等。落后的燕国一下子便人才济济了。从此以后一个内乱外祸、满目疮痍的弱国，逐渐成为一个富裕兴旺的强国。接着，燕昭王又兴兵报仇，将齐国打得只剩下两个小城。

22．逻辑

爱因斯坦对学生说："有两位工人，修理很旧的烟囱，当他们从烟囱里爬出来的时候，一位很干净，另一位却满脸满身的煤灰，请问你们谁会去洗澡呢？"

一位学生说："当然是那位满脸满身煤灰的工人会去洗澡喽！"

爱因斯坦说："是吗？请你们注意，干净的工人看见另一位满脸满身的煤灰，他觉得从烟囱里爬出来真是肮脏。另一位看到对方干净，就不这么想了。我现在再问你们，谁会去洗澡？"

有一位学生很兴奋地发现了答案："噢！我知道了！干净的工人看到肮脏的工人时，觉得他自己必定也是很脏的，但是肮脏的工人看到干净的工人时，却觉得自己并不脏啊！所以一定是那位干净的工人跑去洗澡了。"

爱因斯坦看了看其他的学生，所有的学生似乎都同意这个答案。只见爱因斯坦慢条斯理地说："这个答案错的！两个人同时从很旧的烟囱里爬出来怎么可能一个会是干净的，另一个会是脏的呢？这就叫做'逻辑'。"

23．机会

在某个小村落，下了一场非常大的雨，洪水开始淹没全村，一位神父在教堂里祈祷，眼看洪水已经淹到他跪着的膝盖了。一个救生员驾着舢板来到教堂，跟神父说："神父，赶快上来吧！不然洪水会把你淹死的！"神父说："不！我深信上帝会来救我的，你先去救别人好了。"

过了不久，洪水已经淹过神父的胸口了，神父只好勉强站在祭坛上。这时，又有一个警察开着快艇过来，跟神父说："神父，快上来，不然你真的会被淹死的！"神父说："不，我要守住我的教堂，我相信上帝一定会来救我的。你还是先去救别人好了。"

又过了一会，洪水已经把整个教堂淹没了，神父只好紧紧抓住教堂顶端的十字架。一架直升飞机缓缓的飞过来，飞行员丢下了绳梯之后大叫："神父，快上来，这是最后的机会了，我们可不愿意见到你被洪水淹死！"神父还是意志坚定的说："不，我要守住我的教堂！上帝一定会来救我的。你还是先去救别人好了。上帝会与我共在的！"

洪水滚滚而来，固执的神父终于被淹死了……神父上了天堂，见到上帝后很生气的质问："主啊，我终生奉献自己，战战兢兢的侍奉您，为什么你不肯救我！"上帝说："我怎么不肯救你？第一次，我派了舢板来救你，你不要，我以为你担心舢板危险；第二次，我又派一只快艇去，你还是不要；第二次，我以国宾的礼仪待你，再派一架直升飞机来救你，结果你还是不愿意接受。所以，我以为你急着想要回到我的身边来，可以好好陪我。"

24. 每月一份新的乐谱

一位音乐系的学生走进练习室。在钢琴上，摆着一份全新的乐谱。

"超高难度……"他翻着乐谱，喃喃自语，感觉自己对弹奏钢琴的信心似乎跌到谷底，消靡殆尽。已经三个月了！自从跟了这位新的教导教授之后，不知道，为什么教授要以这种方式整人。勉强打起精神。他开始用自己的十指奋战、奋战、奋战……琴音盖住了教室外面教授走来的脚步声。

指导教授是个极其有名的音乐大师。授课的第一天，他给自己的新学生一份乐谱。"试试看吧！"他说。乐谱的难度颇高，学生弹得生涩僵滞、错误百出。"还不成熟，回去好好练习！"教授在下课时，如此叮嘱学生。

学生练习了几个星期，第二月上课时正准备让教授验收，没想到教授又给他一份难度更高的乐谱，"试试看吧！"上星期的课教授也没提。学生再次挣扎于更高难度的技巧挑战。

第三月。更难的乐谱又出现了。两样的情形持续着，学生每次在课堂上都被一份新的乐谱所困扰，然后把它带回去练习，接着再回到课堂上，重新面临两倍难度的乐谱，却怎么样都追不上进度，一点也没有因为上周练习而有驾轻就熟的感觉，学生感到越来越不安、沮丧和气馁。教授走进练习室。学生再也忍不住了。他必须向钢琴大师提出这三个月来何以不断折磨自己的质疑。

教授没开口，他抽出最早的那份乐谱，交给了学生。"弹奏吧！"他以坚定的目光望着学生。

不可思议的事情发生了，连学生自己都惊讶万分，他居然可以将这首曲子弹奏得如此美妙、如此精湛！教授又让学生试了第二份的乐谱学生依然呈现出超高水准的表现……演奏结束后，学生怔怔地望着老师，说不出话来。

"如果，我任由你表现最擅长的部分，可能你还在练习最早的那份乐谱，就不会有现在这样的程度……"钢琴大师缓缓地说。

25. 裁缝与摄影师

英国伦敦的一条街上有三家裁衣店，为了招来更多的生意，三家裁衣店先后在自己的店铺前立起一块广告牌。其中一家最先挂出一块醒目的广告牌，上写"本店有伦敦最好的裁缝"。另一家见了生怕落后，马上挂出一块同样大小的广告牌，上书"本店有英国最好的裁缝"。人们以为第三家裁衣店一定挂出"本店有世界上最好的裁缝"的广告牌，然而，第三家裁衣店的老板来了个逆向思维，不但没有再往大吹，而是反往小说，挂出一块极为普通又非常绝妙的广告牌："本店有这条街最好的裁缝"。此牌一经挂出，立即受到人们的交口称赞。

有个摄影师想到这个问题：每次拍集体照都有睁眼的，有闭眼的。闭眼的看见照片，自然不高兴，心想，我90%以上的时间都睁着眼，你为什么偏让我照一副没精打采的相？这不是歪曲我的形象吗？

拍照时，顾客往往在等摄影师喊："一！二！三！"但坚持了半天以后，恰巧在"三"字上坚持不住了，而闭上眼皮。

这位摄影师换了一个思路。他请顾客们全闭上眼，听他的口令，同样是喊："一，二，三，在"三"字上一齐睁眼。果然，照片冲洗出来一看，一个闭眼的也没有，全都显得神采奕奕，比本人平时更精神。大家皆大欢喜。

26. 一瞬间

鲍罗奇是美国的一位食品生产商，他以制造罐装食品著名。有一次，在专家食品鉴定会上，他打开一罐自己公司生产的"青菜罐头"请专家们品尝鉴定。然而，他刚刚掀开罐口，就瞟见青菜叶里卷着一只小蚂蚱，这肯定是拣菜工人的粗心造成的。这只微不足道的小蚂蚱肯定会让他的产品声名狼藉。

怎么办？鲍罗奇乘专家们还没有注意到小蚂蚱的一瞬间，头脑中迅即闪出一连串的应急办法：……给专家们解释掺杂小蚂蚱的原因……小蚂蚱是一种特殊调味料……小蚂蚱是一种营养添加物……可是考验专家们眼力的……是故意开玩笑逗乐……不让专家们看到小蚂蚱……把小蚂蚱搅到罐底……把这一罐故意失手泼掉……想办法再换一罐……如此等等。而鲍罗奇最终实际采取的应急方法是，迅速抄起勺子，舀起那片卷着小蚂蚱的菜叶，闪电般地送进自己嘴里，还一边故作幽默地说："这么香的菜，我都忍不住要先尝一尝。"

27. 说明书

有一个老太太用尽心思，想把一件厨房用品拼凑起来，她翻阅着说明书，弄了老半天，徒劳无功，她只好将这堆东西丢在一旁。过了一段时间，她意外的发现家里的女佣，竟然将那件复杂的东西拼装完成，而且使用的极为顺手，惊讶之余，问道："你是如何完成的?"女佣回答："我不识字，只好尽量用脑筋了。"

28. 减少奖金

某公司成立以来，事业可谓蒸蒸日上。但因受国际上恐怖活动的影响，今年的利润却大幅滑落。

董事长知道，这不能怪员工，因为大家为公司拼命的情况，丝毫不比往年差，甚至可以说，由于人人意识到经济的不景气，干的比以前更卖力。

这也就愈发加重了董事长心头的负担，因为马上要过年，照往例，年终奖金最少加发三个月的工资，多的时候，甚至再加倍。

今年可惨了，算来算去，顶多只能给一个月的工资做奖金。

"这要是让多年来已被惯坏了的员工知道，士气真不知要怎样滑落!"董事长忧心地对总经理说："许多员工都以为最少加两个月，恐怕飞机票、新家具都定好了，只等拿奖金就出去度假或付账单呢!"

总经理也愁眉苦脸了："好像给孩子糖吃，每次都抓一大把，现在突然改成两颗，小孩一定会吵。"

"对了!"董事长突然触动灵机："你倒使我想起小时候到店里买糖，总喜欢找同一个店员，因为别的店员都先抓一大把，拿去秤，再一颗一颗往回扣。那个比较可爱的店员，则每次都抓不足重量，然后一颗一颗往上加。说实在话，最后拿到的糖没什么差异，但我就是喜欢。"突然，董事长有了主意……

没过两天，公司突然传来小道消息——"由于营业不佳，年底要裁员，上层正在确定具体实施方案。"顿时人心惶惶了。每个人都在猜，会不会是自己。最基层的员工想："一定由下面杀起。"上面的主管则想："我的薪水最高，只怕会从我开始……"但是，不久之后，总经理却宣布："公司虽然艰苦，但大家同一条船，再怎么危险，也不愿牺牲共患难的同事，只是年终奖金，绝不可能发了。"

听说不裁员，人人都放下心头上的一块大石头，那不致卷铺盖的窃喜，早压过了没有年终奖金的失落。

眼看新年将至，人人都做了过个穷年的打算，取消了奢华的交往和昂贵的旅游计划。

突然，董事长召集各单位主管紧急会议。

看主管们匆匆上楼，员工们面面相觑，心里都有点儿七上八下："难道又变了卦？"

是变了卦！

没几分钟，主管们纷纷冲进自己的单位，兴奋地高喊着："有了！有了！还是有年终奖金，整整一个月，马上发下来，让大家过个好年！"

整个公司大楼，爆发出一片欢呼，连坐在顶楼的董事长，都感觉到了地板的震动。

29. 捨废纸的故事

一个微不足道的动作，或许会改变人的一生，这绝不是夸大其词，可以作为佐证的事例随手便能拈来，美国福特公司名扬天下，不仅使美国汽车产业在世界占居熬头，而且改变了整个美国的国民经济状况，谁又能想到该奇迹的创造者福特当初进入公司的"敲门砖"竟是"捡废纸"这个简单的动作？

那时候福特刚从大学毕业，他到一家汽车公司应聘，一同应聘的几个人学历都比他高，在其他人面试时，福特感到没有希望了。当他敲门走进董事长办公室时，发现门口地上有一张纸，很自然地弯腰把他捡了起来，看了看，原来是一张废纸，就顺手把它扔进了垃圾篓。董事长对这一切都看在眼里。福特刚说了一句话："我是来应聘的福特"。董事长就发出了邀请："很好，很好，福特先生，你已经被我们录用了。"这个让福特感到惊异的决定，实际上源于他那个不经意的动作。从此以后，福特开始了他的辉煌之路，直到把公司改名，让福特汽车闻名全世界。

平安保险公司的一个业务员也有与福特相似的惊喜。他多次拜访一家公司的总经理，而最终能够签单的原因，仅仅是他在去总经理办公室的路上，随手捡起了地上的一张废纸并扔进了了垃圾桶。总经理对他说："我（透过窗户玻璃）观察了一个上午，看看哪个员工会把废纸捡起来，没有想到是你。"而在这次见面总经理之前，他还被"晾"了3个多小时，并且有多家同行在竞争这个大客户。

30. 应聘

有个年轻人去微软公司应聘，而该公司并没有刊登过招聘广告。见总经理疑惑不解，年轻人用不太娴熟的英语解释说自己是碰巧路过这里，就贸然进来了。总经理感觉很新鲜，破例让他一试。面试的结果出人意料，年轻人表现糟糕。他对总经理的解释是事先没有准备，总经理以为他不过是找个托词下台阶，就随口应道："等你准备好了再来试吧"。

一周后，年轻人再次走进微软公司的大门，这次他依然没有成功。但比起第一次，他的表现要好得多。而总经理给他的回答仍然同上次一样："等你准备好了再来试。"就这样，这个青年先后 5 次踏进微软公司的大门，最终被公司录用，成为公司的重点培养对象。

31. 发生在生活中的事

汤姆和杰克逊是邻居。他们的家坐落在离小村二里远的山坡上，那里空气清新，景色怡人，而且每到春夏交替的那段日子，山花与松叶所散发的清香就会弥漫整个山谷，惬意极了。然而美中不足的是，在通往他们两家的路上，有一棵胡杨树档在路中间，每次开车路过时，他们不得不小心翼翼地绕过它。

一天汤姆和杰克逊在路上相遇了，他们商量要把这棵树砍掉，以免麻烦的蔓延，最好明天就动手。"可是……可是我明天要到明尼苏达去，我有一次非常重要的工务！"汤姆说。

"那么就过几天好了，我想我们会干得很好的！"杰克逊耸了耸肩说。

然而事情的发展并没有像杰克逊所预想的那样。几乎每次谈及此事，他们都会有一些意外的事情要去处理，就这样，日子一天天地过去了，一年、两年、五年、十年、二十年……当他们已是须发斑白的时候，一天，两个老人再次在树旁相遇了。"老伙计，我们真的应该把它砍掉了，要不然琳达和凯森他们会在这出事儿的。看，这家伙的体形越来越大了，占据了半条路的空间。"杰克逊望着已经长得粗壮如柱的胡杨树说。

"是啊，这么久了，我们还是没有砍掉它，这回我们该用锯子锯喽！"汤姆边说边蹒跚着向家里走去，他决心用那把小钢锯锯断它。可是，由于他们已老迈，根本拉不动那把小钢锯！

在我们的现实生活中，为一点点小理由而放弃今天工作的事比比皆是，要知道，那些由"可是"而找出来的理由，只会让我们失去处理问题的最佳时机，除此以外，不会给我们带来其他任何好处。

"我很想辞职，这份工作不适合我，可是……"

一位朋友苦恼的告诉我，她的工作令她如何筋疲力尽。我细心地听着她的苦恼，忍不住打断她，问她："既然这个工作令你这样痛苦，那你想改变它吗？""改变？你是什么意思？"朋友迷惘地问着。

"辞了这份工作，去做能发挥自己特长的工作。"我肯定地说着。

朋友咽了一下唾沫，吞吞吐吐地说："可是……我不知道自己能做什么，而且工作那么难找，我还得养家。"

"可是？问题是你不喜欢这个工作，那何必令自己痛苦？生命不该是这样的！"我说。

"可是我得生活啊，生活是很无奈的，为了生活总得做一些自己并不想做的牺牲。"朋友愁苦地说着。"我倒认为做能让自己快乐的事，才能发挥特长。"我告诉朋友有关我的意见。

朋友狠狠地说："你不同啊！你当然可以这样说，说得这样轻松，有几个人能像你这样幸运，做自己想做的事还能赚钱！我也想啊，可是……"

我没有再和她说下去，因为她给自己太多"可是"，而忘了别人也同样有许多的"可是"。

我并没有她说的那样幸运，在能做自己喜欢的工作前，我也做了许多我并不喜欢的工作。

在努力的过程中都是辛苦的，这些辛苦她没看见，却把自己不努力，怪罪在别人的太幸运里。这样的人，活在自我设限的生活太久，也太习惯了。她要的不是改变，她要的只是一些认同，要别。去认同她自己也无法认同的事，来安慰软弱的自己。当一个人只埋怨，只会说出一堆"可是……"时，就是他自己也难以接受任改变，他所担心的一切，只会继续而不会得以解决。

这种人很可怜，但这种可怜是自找的。试着走出"可是"的理和借口，改变现状，而不是活在现状中！

32. 采访林肯

1864 年，美国南北战争结束了。一位叫马维尔的法国记者去采访林肯，他们有这么一段对话。

记者：据我所知，皮尔斯和布坎南（注：上两届总统）都曾想过废除黑奴制度，《解放黑奴宣言》也早在他们那个时期就已造就，可是他们都没拿起笔签署它。请问总统先生，他们是不是想把这一伟业留下来，给您去成就英名？

林肯：可能有这个意思吧。不过，如果他们知道拿起笔需要的仅是一点勇气，我想他们一定非常懊丧。

这段对话发生在林肯去帕特森的途中，马维尔还没来得及问下去，林肯的马车就出发了。因此，他一直都没弄明白林肯这句话到底是什么意思。

直到 1914 年，林肯去世 50 年后，马维尔才在林肯致朋友的一封信中找到答案，

这封信里林肯谈到幼年时的一段经历。

"我父亲在西亚图一处农场，上面有许多石头。正因为如此，父亲才得以以较低的价格买下它。有一天，母亲建议把上面的石头搬走。父亲说，如果可以搬走的话，主人就不会卖给我们了，它们是一座座小山头，都与大山连着。

有一年，父亲去城里买马，母亲带我们在农场里劳动。母亲说，让我们把这些碍事的东西搬走好吗？于是我们开始挖那一块块石头。不长时间，就把它们给弄走了，因为它们并不是父亲想象的山头，

而是一块块孤零零的石块，只要往下挖一英尺，就可以把它们晃动。

林肯在信的末尾说，有些事情一些人之所以不去做，只是因为他们认为不可能。其实，有许多不可能，只存在于人的想象之中。

读到这封信的时候，马维尔已是 76 岁的老人，就是在这一年，他正式下决心学汉语。据说 1917 年，他在广州旅行采访，是以流利的汉语与孙中山对话的。

33.　一切都是最好的安排

从前有一个国家，地不大，人不多，但是人民过着悠闲快乐的生活，因为他们有一位不喜欢做事的国王和一位不喜欢做官的宰相。

国王没有什么不良嗜好，除了打猎以外，最喜欢与宰相微服私访民隐。宰相除了处理国务以外，就是陪着国王下乡巡视，如果是他一个人的话，他最喜欢研究宇宙人生的真理，他最常挂在嘴边的一句话就是"一切都是最好的安排"。

有一次，国王兴高采烈的到大草原打猎，随从带着数十条猎犬，声势浩荡。国王的身体保养得非常好，筋骨结实，而且肌肤泛光，看起来就有一国之君的气派。随从看见国王骑在马上，威风凛凛地追逐一头花豹，都不禁赞叹国王勇武过人！花豹奋力逃命，国王紧追不舍，一直追到花豹的速度减慢时，国王才从容不迫弯弓搭箭，瞄准花豹，嗖的一声，利箭像闪电似的，一眨眼就飞过草原，不偏不倚钻入花豹的颈子，花豹惨嘶一声，仆倒在地。

国王很开心，他眼看花豹躺在地上许久都毫无动静，一时失去戒心，居然在随从尚未赶上时，就下马检视花豹。谁想到，花豹就是在等待这一瞬间，使出最后的力气，突然跳起来向国王扑过来。国王一愣，看见花豹张开血盆大口咬来，他下意识地闪了一下，心想："完了！"还好，随从及时赶上，立刻发箭射入花豹的咽喉，国王觉得小指一凉，花豹就闷不吭声跌在地上，这次真的死了。

随从忐忑不安走上来询问国王是否无恙，国王看看手，小指头被花豹咬掉小半截，血流不止，随行的御医立刻上前包扎。虽然伤势不算严重，但国王的兴致破坏光了，本来国王还想找人来责骂一番，可是想想这次只怪自己冒失，还能怪谁？所以闷不吭声，大伙儿就黯然回宫去了。

回宫以后，国王越想越不痛快，就找了宰相来饮酒解愁。宰相知道了这事后，一边举酒敬国王，一边微笑说："大王啊！少了一小块肉总比少了一条命来得好吧！想开一点，一切都是最好的安排！"

国王一听，闷了半天的不快终于找到宣泄的机会。他凝视宰相说："嘿！你真是大胆！你真的认为一切都是最好的安排吗？"宰相发觉国王十分愤怒，却也毫不在意说："大王，真的，如果我们能够超越'自我'，确确实实，一切都是最好的安排。"

国王说："如果寡人把你关进监狱，这也是最好的安排？"宰相微笑说："如果是这样，我也深信这是最好的安排。"国王说："如果寡人吩咐侍卫把你拖出去砍了，这也是最好的安排？"宰相依然微笑，仿佛国王在说一件与他毫不相干的事。"如果是这样，我也深信这是最好的安排。"国王勃然大怒，大手用力一拍，两名侍卫立刻近前，他们听见国王说："你们马上把宰相抓出去斩了！"侍卫愣住，一时不知如何反应。

国王说："还不快点，等什么？"侍卫如梦初醒，上前架起宰相，就往门外走去。国王忽然有点后悔，他大叫一声说："慢着，先抓去关起来！"宰相回头对他一笑，说："这也是最好的安排！"国王大手一挥，两名侍卫就架着宰相走出去了。

过了一个月，国王养好伤，打算像以前一样找宰相一块儿微服私巡，可是想到是自己亲口把他关入监狱里，一时也放不下面子释放宰相，叹了口气，就自己独自出游了。走着走着，来到一处偏远

90

的山林，忽然从山上冲下一队脸上涂着红黄油彩的蛮人，三两下就把他五花大绑，带回高山上。

国王这时才想到今天正是满月，这一带有一支原始部落，每逢月圆之日就会下山寻找祭祀满月女神的牺牲品。他哀叹一声，这下子真的是没救了。其实心里却很想跟蛮人说：我乃这里的国王，放了我，我就赏赐你们金山银海！可是嘴巴被破布塞住，连话都说不出口。当他看见自己被带到一口比人还高的大锅炉前，柴火正熊熊燃烧，更是脸色惨白。

大祭司现身，当众脱光国王的衣服，露出他细皮嫩肉的龙体，大祭司啧啧称奇，想不到现在还能找到这么完美无瑕的祭品！原来，今天要祭祀的满月女神，正是"完美"的象征，所以，祭祀的牲品丑一点、黑一点、矮一点都没有关系，就是不能残缺。

就在这时，大祭司终于发现国王的左手小指头少了小半截，他忍不住咬牙切齿咒骂了半天，忍痛下令说："把这个废物赶走，另外再找一个！"

脱困的国王大喜若狂，飞奔回宫，立刻叫人释放宰相，在御花园设宴，为自己保住一命、也为宰相重获自由而庆祝。国王一边向宰相敬酒说："爱卿啊！你说的真是一点也不错，果然，一切都是最好的安排！如果不是被花豹咬一口，今天连命都没了。"宰相回敬国王，微笑说："贺喜大王对人生的体验又更上一层楼了。"过了一会儿，国王忽然问宰相说："寡人救回一命，固然是'一切都是最好的安排'，可是你无缘无故在监狱里蹲了一个月，这又怎么说呢？"宰相慢条斯理喝下一口酒，才说："大王！您将我关在监狱里，确实也是最好的安排啊！"

他饶富深意看了国王一眼，举杯说："您想想看，如果我不是在监狱里，那么陪伴您微服私巡的人，不是我还会有谁呢？等到蛮人发现国王不适合拿来祭祀满月女神时，谁会被丢进大锅炉中烹煮呢？不

91

是我还有谁呢？所以，我要为大王将我关进监狱而向您敬酒，您也救了我一命啊！"国王忍不住哈哈大笑，朗声说："干杯吧！果然没错，一切都是最好的安排！"

34. 迟到

　　爱丽娜刚从大学毕业，分配在一个离家较远的公司上班。每天清晨 7 时，公司的专车会准时等候在一个地方接送她和她的同事们。

　　一个骤然寒冷的清晨，爱丽娜关闭了闹钟尖锐的铃声后，又稍微留恋了一会儿暖被窝——像在学校的时候一样。她尽可能最大限度地拖延一些时光，用来怀念以往不必为生活奔波的寒假日子。那一个清晨，她比平时迟了 5 分钟起床。可是就是这区区 5 分钟却让她付出了代价。

　　那天，当爱丽娜匆忙中奔到专车等候的地点时，时间已是 7 点 05 分。班车开走了。站在空荡荡的马路边，她茫然若失，一种无助和受挫的感觉第一次向她袭来。

　　就在她懊悔沮丧的时候，突然看到了公司的那辆蓝色轿车停在不远处的一幢大楼前。她想起了曾有同事指给她看过那是上司的车，她想：真是天无绝人之路。爱丽娜向那车跑去，在稍稍犹豫一下后，她打开车门，悄悄地坐了进去，并为自己的幸运而得意。

　　为上司开车的是一位温和的老司机。他从反光镜里看了她一会儿。然后，转过头来对她说："小姐，你不应该坐这车。"

　　"可是，我今天的运气好。"她如释重负地说。

　　这时，上司拿着公文包飞快地走来。待他在前面习惯的位置上坐定后，才发现车里多了一个人，显然他很意外。

　　她赶忙解释说："班车开走了，我想搭您的车子。"她以为这一切合情合理，因此说话的语气充满了轻松随意。

上司愣了一下，但很快明白了。他坚决地说："不行，你没有资格坐这车。"然后用无可辩驳的语气命令道："请你下去。"

爱丽娜一下子愣住了——这不仅是因为从小到大还没有谁对她这样严厉过，还因为在这之前，她没有想过坐这车是需要一定身份的。

以她平素的个性，她应该是重重地关上车门以显示她对小车的不屑一顾而后拂袖而去的。可是那一刻，她想起了迟到在公司的制度里将对她意味着什么，而且她那时非常看中这份工作。于是，一向聪明伶俐但缺乏生活经验的她变得异常无助。她用近乎乞求的语气对上司说："不然，我会迟到的。所以，需要您的帮助。"

"迟到是你自己的事。"上司冷淡的语气没有一丝一毫的回旋余地。

她把求助的目光投向司机。可是老司机看着前方一言不发。委屈的泪水终于在她的眼眶里打转。然后，在绝望之余，她为他们的不近人情而固执地陷入了沉默的对抗。

他们在车中僵持了一会儿。最后，让她没有想到的是，他的上司打开车门走了出去。

坐在车后座的她，目瞪口呆地看着上司拿着公文包向前走去。他在凛冽的寒风中拦下了一辆出租车，飞驰而去。泪水终于顺着她的脸腮流淌下来。他给了她一帆风顺的人生以当头棒喝的警醒。

35. 一顿早餐

"来两只嫩煮鸡蛋，一客家常油炸土豆条，一块乌饭浆果松饼，再加咖啡和鲜桔汁。"艾德沃德吩咐卫生餐厅的侍者，慢跑后的他感到饥肠辘辘。

艾德沃德刚打开报纸，咖啡就端上来了。"请用咖啡，"侍者说，

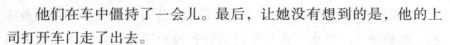

"不过，对不起。我们的立法当局坚持要我们提醒顾客，每天喝三杯以上的咖啡有可能增加得中风和膀胱癌的危险。虽然这是除去了咖啡因的，但食品和药物管理局仍要求我们说明，提取过程中或许还残留了微量的致癌可溶物。"这才给他的杯子斟上。

侍者端着他叫的早点回来时，艾德沃德差不多看完了第一版。

"您的鸡蛋，"侍者说，"如果不煮透，就可能含有沙门氏菌，会引起食物中毒。蛋黄中有大量的胆固醇，它有诱发动脉硬化和心脏病的主要潜在危险。美国心血管外科医生协会主张每星期至多只吃四个鸡蛋，吸烟者和身体超重十磅者尤应如此。"

艾德沃德的胃感到一阵不舒服。

"马铃薯，"侍者继续着，"皮上的青色斑块有可能含有一种叫龙葵的生物碱毒素，《内科医生参考手册》上说龙葵碱会引起呕吐、腹泻、恶心。不过放心，您用的土豆是仔细地去了皮的，我们的供应商还答应，如有不良后果，他们将承担一切责任。"

"但愿这'不良后果'别降临到我头上。"艾德沃德想。

"松饼含有丰富的面粉、鸡蛋和黄油，还有乌饭浆果和低钠调味粉，唯独缺少纤维素。营养研究所警告说低纤维饮食会增加胃癌和肠癌的危险。饮食指导中心说面粉可能受到杀真菌剂和灭鼠剂的污染，可能含有微量的麦角素，它能引起幻觉、惊厥和动脉痉挛。"

顿时，艾德沃德觉得焦黄松脆的松饼诱人的香味变得十分可疑了。

"黄油是高胆固醇食品，卫生部忠告近亲患心脏病的人限制胆固醇和饱和脂肪的摄入量。我们的乌饭浆果来自缅因州，从未施过化肥和杀虫剂。但美国地质调查队有报告说许多缅因州的浆果长在花岗岩地区，而花岗岩常常含有放射性物质铀、镭和氡气。"

艾德沃德立刻想起了切尔诺贝利事故幸存者头发脱落的不雅观之状。

"最后，烘焙的麦粉中含有硫酸铝钠盐，研究者认为铝元素可能是早老性痴呆症的罪魁祸首。"侍者说罢便离去了，令人肃然起敬的营养咨询也许结束了。

侍者很快回来了，带着一只罐子。"我还记得说明，我们的鲜桔汁是早上六点前榨的，现在是 8：30。食物和药品管理局与司法部正在指控一家餐馆，因为它把放了三四小时的桔汁说成是新榨的。在那个案子裁决前，我们的律师要求我们从每一个订了类似食品的顾客那儿弄一份放弃追究声明书。"

艾德沃德填写了他递过来的表格，侍者用回形针把它附在账单上。在艾德沃德伸手取杯子时，侍者又拦住了他。"还有一件事，"侍者说，"消费安全组织认定您使用的叉子太尖太锋利，必须小心使用。"

"好，祝您胃口好。"侍者终于走开了，艾德沃德也终于松了一口气。他拨拉着已是冷冰冰的那份早餐，胃口彻底倒了。哦！上帝！

36. 真理与谎言

真理和谎言在路口相遇，彼此打了个招呼。谎言问真理："近来日子可好？"

"唉，别提了，时运不济"真理叹息道，"真是一年不如一年。"

谎言望着衣衫褴褛的真理，露出一副同情的面孔："看你这副模样是够寒伧的。不过，你看起来很累很饿的样子。"

"我已经挨了三天饿，"真理解释，"我走到什么地方不是碰钉子，便是遇麻烦，简直没个活路。"

"那只能怪你自己，"谎言说，"跟我来，管保你有好日子过，只要你不反驳我，你就会像我一样身着绫罗有吃有喝。"

真理点点头表示同意。于是，谎言带着真理向一座繁华的都市走去。它俩来到一座大饭店大吃大喝起来。个把小时后，顾客纷纷离去，谎言却用拳头敲着桌子，摆出盛气凌人的架势，饭店老板应声来到谎言面前，毕恭毕敬地问："尊敬的先生，有什么吩咐？"

"我付了一块金币给堂倌，等了一个时辰还不见找钱！"谎言声色俱厉。

老板忙把堂倌叫来问，堂倌说他压根儿没收到什么金币。谎言一听，大为恼火，扬言："偌大的饭店还欺侮顾客！"说完，把一枚金币扔给老板，"算了，再给你一枚，找钱来！"

但这可是一个有良好声誉的饭店，老板宁可自己吃亏。于是命堂倌找钱给谎言，还狠狠地惩罚了堂倌——打了他一把掌。

堂倌平白无故挨了一记耳光，一遍一遍地咕哝，可是周围没有人相信他的话，他愤然喊道："天哪！还有没有真理？"

"我在这儿。"真理从牙缝中吐出的话只有它自己才听得到，"可眼下我的舌头被人拴住了，我不能回答你，你自己判断吧！"

真理和谎言离开饭店，谎言得意洋洋地对真理说："这回你可看出我的本领了吧！"

"我宁愿饿死，也不学你这种本领。"真理说完便毅然走开，从此真理与谎言分道扬镳。

37. 三分之一的人生

有一个秀才要进京赶考，一路走来走到江边准备过江，于是他招来船夫渡他过江。当船走到江的三分之一时，这位秀才诗性大发，开始吟诗作对，念了几首诗之后觉得很无趣，于是他问船夫："船夫呀！你懂不懂得史诗之美呀？"

船夫说："我一生只会划船，哪懂得什么诗呀！|"秀才摇摇头嘲笑他说："唉！不懂得欣赏诗集，你的人生已经去了三分之一了。"

船慢慢地走，走到江的中间，秀才拿出了一只笛子，吹起笛子，陶醉在音乐里，吹了吹，秀才又问船夫："那船夫先生呀！你不懂得欣赏诗句，那你总该懂得欣赏丝竹之美吧！"船夫摇摇头说："我一生只会划船，哪懂得欣赏音乐。"秀才又不屑的说："不懂得欣赏音乐，你的人生又去了三分之一了。"

不知不觉中，船准备靠岸，突然间，天空乌云密布下起大雨，江水暴涨，眼看就要把船给打翻了。船夫跑到船头准备要跳下水，突然间，船夫回头问秀才："秀才先生，那你会不会游泳呢？"秀才说："我这一生饱读诗书，欣赏音乐，我哪会游泳？"就在船夫要跳下水的刹那间说："那很抱歉，我的人生还有三分之一，你的人生即将全部都失去了。"

38. 神奇的体温表

东东有个神奇的体温表，它不仅可以测到体温，还可以测到心情。

东东最怕的数学考试来临时，体温表知道他很恐慌不想去考试，就把温度升上去很多，东东就因为可以请病假而不用去考试了；东东发烧的时候，却非常想出去春游，体温表得知了他期待的心情，就把体温的数字降低到正常，东东就高兴地去玩了，但结果回家后病情就加重了。

时间一长，东东就发现了是体温表有问题，生气地对它说："你干嘛要自作聪明啊？你就是一个体温表而已！你就明明白白告诉我事实真相就好了啊！！！你凭什么变来变去的！"这时候体温表委屈地说："我死去的哥哥就是因为每次都告诉了你事实真相，结果就被你给摔碎了啊……"

39. 被老板开除的原因

廖先生今年四十岁，刚离开他待了十五年的公司。

十五年前，他到一家小电器行工作。廖先生忠诚能干，甚得老板的器重，廖先生颇有"士为知己者死"的豪气，每天卖命地做。老板也未亏待他，二人情同手足，业务也因此而一日千里。

后来公司扩大，进口外国家电，廖先生花了半年时间建立了全省的经销网，可说备尝艰苦。老板对他的表现相当满意，待遇、红利也一年比一年给得多。

三年后，公司开始稳定成长，廖先生的担子放了下来，开始有空出国散心。在老板的指示下，他把很多重要的工作交出去，成为一个"德高望重"的"长老"。廖先生也对他能在立下战功之后享"清福"大为满意，谁知半年后，老板拿了一张支票放在他的桌上，要他离开这家公司……。

廖先生万分不情愿，可是也不得不离开。

40. "聪明"的金宝

有一个叫金宝的人，很懒。他从早到晚躺在一张破床上，嘴里不知嘟哝些什么。

"金宝，你嘟哝什么?"人们指责他，"你为什么不找点活儿干干!"

金宝答："我也在干活啊。我整天念经，祈祷老天爷把我从穷困中解脱出来。一旦老天爷听到了我的苦苦哀求，他即刻会赐给我幸福的。"

果然有一次，金宝听说住在邻近一个岛上的人都是独眼的。

这个懒汉欢欣万分。他寻思："老天爷听到了我的祈祷，给我带来了幸福。我立即去独眼人居住的那个岛上去，诱骗一个独眼的畸形人上我的小船，运载到我居住的这个岛上来。"他把自己的想法告诉了左邻右舍。

邻居们听后，都很惊奇："你干嘛要这样的丑人？"

"我将把他放在笼子里，供人出钱观赏。这样的畸形人谁都想参观。"

金宝立刻来了精神！借了条船，直奔目的地。

当小船刚刚靠岸，金宝立即看到了他所要寻找的人：迎面向他走来了一个独眼的丑人。

"啊！我的福气真大！财富自己主动送上我的门来了！"金宝得意忘形。

心怀鬼胎的懒汉向独眼人深深鞠了一躬，假惺惺地笑道："多少年了，我一直想拜见一下像您这样好看的人……"

独眼人看了金宝一眼，彬彬有礼地回答："我也终生都想拜见一下像您这样好看的人。"

于是，阴险的懒汉对他说道："我恳请您先到我家拜访。让咱俩赶紧坐上小船去我家吧！"

独眼人答："我衷心感激您对我的殷勤邀请。但是，首先，我恳请您先光临我家，我的一家人认识您将会感到很高兴。"

"我很高兴迈进你家的门坎儿，"金宝嘴上这么说，而心里却在捉摸，"明天，你将坐在我的笼子里供人参观，白花花的银币将从四面八方流进我的口袋里。"

金宝刚走进独眼人的家，独眼人的兄弟们就从四面八方把金宝围了起来，争先恐后地嚷道："瞧！瞧！这个人有两只眼！真是个畸形人！他打哪儿来呀？"

"现在，我告诉你们，赶紧把这个人捆绑得结实一点！"独眼人命令他的家人。

金宝来不及眨一下眼就被捆起来了。

独眼人向他的兄弟们说："让我们庆贺一下吧！我们贫苦的生活终于结束了。我们将把这个怪物关进笼子里让大家出钱参观。谁都想看一看这个长有两只眼的人，我们很快可以发财了。"

不到一个钟头，金宝就坐在笼子里了。

独眼人岛上的居民们从四面八方匆匆赶来观看这个稀罕的双眼人。每个观众付给看笼子的主人一枚银币。

金宝终生都坐在那个笼子里，再没出来过。

41. "小爱迪生"的诞生

强强是个很富有创造力的孩子，什么东西都想动手摆弄一番。有一次，他竟把爸爸的手表拆卸开来。爸爸发现后，狠狠地揍了他一顿。这件事被一位教育家知道后，惋惜地说："你这一顿打，很可能把中国的爱迪生给打掉了！"强强的爸爸忙问其故。教育家说："强强喜欢摆东西，正是创造的先导。他怀着好奇心理卸手表，却遭到你粗暴的惩罚，孩子日后还会有创造性吗？"强强爸爸猛然醒悟，忙问如何补救。教育家说："只要你和孩子带着手表一起到钟表修理铺去，让孩子在旁边看一看就行了。"这位爸爸赶忙照办。是啊，爱迪生小时候不也犯过许多错误吗，如果没有母亲南希对他的理解、支持，爱迪生也许就不会为我们所知，我们也不一定能享受到他那些伟大的发明带来的便利了。

42. 山姆是谁

杰克，是一个有理想的青年。他喜欢创作，立志当个大作家，像山姆一样。山姆是杰克崇拜的大作家。杰克常常在杂志上看见山姆的名字。杰克发现：山姆非常高产；并且，创作风格多样化；再有，从作品涉及的内容看，其人的知识、见识极其广博。以山姆为偶像，杰克开始了文学创作。慢慢地，杰克也能发表作品了。杰克高兴地努力地写呀写呀，从趋势上看，他是进步的。然而，写了几年后，杰克懊丧地发现，自己要想赶上山姆，简直是白日做梦。山姆酷似一台创作机器，任意翻开一册新的杂志，几乎都可以看见山姆的名字。杰克心里说，我就是每天不睡觉，也写不出来这么多的作品。另外，山姆那多样化的创作风格，可以吸引有着不同欣赏癖好的读者，而自己，仅有一种创作风格。最可怕的是，山姆犹如一个无所不知的"万事通"，而自己相比之下，显得懂得太少了。杰克开始怀疑自己的学识，怀疑自己是不是文学创作这块料，怀疑自己能否在这条路上有大发展。

在种种怀疑中，杰克信心尽失，慢慢地，他远离了创作。他死心塌地地做了一名运输垃圾的司机。在奔向垃圾处理场的路上，杰克老了。

这一天，老杰克到一家杂志社去运垃圾，那其实是一些滞销的旧杂志。老杰克随手拾起一册翻了翻，又看见山姆的名字。忽然，老杰克想跟杂志社的人打听打听山姆。事实上，除了山姆的名字和他的作品，老杰克对山姆本人是一无所知的。杂志社的人笑着告诉老杰克：山姆这个人根本不存在。我们杂志社把作者姓名不详的文章，一概署名为山姆。其它的杂志社也有这个习惯。所以，山姆的名字常常出现在杂志上。

话未说完，老杰克已然惊得不能动弹了。原来，让他信心尽失，理想破灭，一生暗淡的人，竟是一个根本不存在的人。

43. 到底谁残忍

有一位中国母亲到了美国，给一位美国母亲照料孩子。小汤姆只有两岁，很顽皮。

一个休息日，美国母亲没有上班。小汤姆在家里跑着玩。突然，小汤姆被什么东西绊倒了，哇哇大哭。中国母亲马上起身要把孩子扶起来，美国母亲立即阻止了她。

中国母亲指责美国母亲："你太残忍了。"

美国母亲指责中国母亲："你太残忍了。"

中国母亲说："我怎么残忍？孩子那么小，跌倒了，哭得那么厉害，你身为孩子的亲生母亲不去扶他，也不叫我去扶。你才叫残忍。"

美国母亲说："孩子跌到了，自己完全可以爬起来。爬起来，他就成功了一次，就锻炼了一次，你连这样的锻炼机会也不给他，如何让他面对将来激烈的竞争？你才是真正的残忍。"

44. 普希金小时候的故事

普希金小时候诗写得特有灵气，数学却相当糟糕。他在发现老师讲解的几道四则运算题的最终结果都是零之后，无论解答什么数学题目，甚至连题目都不看一眼，就在等号后面写上零。老师对这个毫无希望的孩子说："去写你的诗吧！数学对你来说就意味着是个零。"普希金最后选择了诗，他成功了。

45. 剥蛋壳的故事

一位年轻的母亲向前苏联教育家苏霍姆林斯基请教，"怎样才能教育好我的孩子?"苏氏回答说:"先教会你的孩子剥鸡蛋壳吧!"

这件事发生在前苏联的教育经典故事，在几十年后的中国找到了原型：北京某小学一位四年级的孩子，每天上学母亲总给他一个剥好了的熟鸡蛋放在书包里的饭盒中，以便在课间时给孩子充饥。有一天，孩子看到了一个"奇怪的现象"——这鸡蛋怎么有坚硬的外壳呢，而且一点缝都没有? 无奈之下，孩子只好将鸡蛋带回家中，交给了母亲。也许这位母亲还后悔那天怎么忘记剥掉鸡蛋壳哩，可她不知道自己不仅是在剥夺孩子剥鸡蛋的权利，而且是在剥夺孩子的独立生存的权利。

46. 马克·吐温为何偷钱

著名作家马克·吐温有一次在教堂听牧师演讲。最初，他觉得牧师讲得很好，很感动人，就准备捐款，并掏出自己所有的钱。又过了十分钟，牧师还没有讲完，他就有些不耐烦了，决定只捐些零钱。又过了十分钟，牧师还没有讲完，他于是决定一分钱也不捐。到牧师终于结束了冗长的演讲并开始募捐时，马克·吐温由于气愤，不仅未捐钱，还从盘子里偷了两元钱。

47. 三个仆人

很久很久以前，一位有钱人要出门远行，临行前他把仆人们叫到一起安排一下他们的工作。依据他们每个人的能力，他给了第一

103

个仆人 10 两银子,第二个仆人 5 两银子,第三个仆人 2 两银子。拿到 10 两银子的仆人把它用于经商并且赚到了 10 两银子。同样,拿到 5 两银子的仆人也赚到了 3 两银子。但是拿到 2 两银子的仆人却把它埋在了土里。

过去了很长一段时间,他们的主人回来与他们结算。拿到 10 两银子的仆人带着另外 10 两银子来了。主人说:"做得好!你是一个对很多事情充满自信的人。我会让你掌管更多的事情。现在就去享受你的奖赏吧。"

同样,拿到 5 两银子的仆人带着他另外的 3 两银子来了。主人说:"做得好!你也是一个对一些事情充满自信的人。我会让你掌管很多事情。现在就去享受你的奖赏吧。"

最后拿到 2 两银子的仆人来了,他说:"主人,我知道你想成为一个强人,收获没有播种的土地,收割没有撒种的土地。我很害怕,于是把钱埋在了地下。"

主人回答道:"又懒又缺德的人,你既然知道我想收获没有播种的土地,收割没有撒种的土地,那么你就应该把钱存到银行家那里,以便我回来时能拿到我的那份利息。然后再把它给有 10 两银子的人,给那些已经拥有很多的人,使他们变得更富有;而对于那些一无所有的人,甚至他们有的也会被剥夺。"

于是,主人把这 2 两银子收回,把这个仆人赶出了家门。

48. 铁匠的儿子

从前有一个铁匠,很勤奋,但他的儿子很懒惰,整天无所事事,就知道睡觉。铁匠有劲干活的年月里,家中生活还过得去,可是他年迈力衰了,生活就显得十分穷困。一次,铁匠把老伴叫过来说道:

"我们真倒霉,养了个坏儿子,是个一无所长的懒汉。要是他再不学着干活，我们的产业就得让他坐吃山空，他自己也得饿死。我和你年老力弱，应当让他挣钱糊口了。从今天起就得着手教他。"

老伴很了解自己的儿子，知道他不会赚钱。但她心疼自己的儿子。

"出去找个地方过一天，晚上回家，把这个钱交给你爹，就说是你自己挣来的。"

儿子依葫芦画瓢地按母亲的意图办了。父亲接过他的钱，在手中挥动了几下，又用鼻子闻了闻，就扔进了壁炉里，开口说道：

"这不是你亲手挣的钱。"

次日，母亲又给了儿子一个硬币，嘱咐说：

"出去吧，一整日别回来，多跑跑逛逛。晚上回来就疲倦了，这样你爹就信以为真，认为钱确实是你自己挣的了。"

儿子又遵嘱行事，晚间回来，把钱递给了父亲。父亲接过来，又挥动了几下，接着扔进了壁炉里。老爹说：

"你又来骗我了，这钱绝不是你亲手挣的。"

老母明白了，溺爱儿子是无济于事的。老爹扔钱时，孩子脸上的肌肉纹丝不动，因为他不知道挣钱是多么艰难。于是对儿子说道：

"你爹是骗不了的，你明白吗？别让他生气啦，找个地方干活去，学点手艺。不管挣几个钱，都要交给你爹。让他知道，你能自食其力。"

事情就这样决定了。儿子走了一星期，不知去向。他帮人干家务，又帮人下地干活。一会儿向这个师傅学手艺，一会儿又向另一个师傅学技术。就这样挣了一把钱，带回家来交给了父亲，满心希望能获得父亲的夸奖。老父亲把钱从一只手倒向另一只手，闻了闻，就又把钱扔进了壁炉。

"我不相信这些钱是你挣的。"

儿子感到十分委屈，于是一头扑进了壁炉，从灼热的火焰中，一个一个地把珍若珠宝的钱币掏出来，并大声嚷道：

"你干什么！为了挣这些钱，我从早到晚干了一星期的活，可你拿它们不当玩意，就扔进了炉子里。"

父亲看了看儿子就笑了。

"现在我真相信了，这才是你自己挣的钱，也知道这钱来得不易。别人给的钱，你是毫不可惜的，可为了自己挣的钱，就一头扎进火里去。我再不会为自己的儿子感到羞耻了。"

49. 一堂有意义的课

刚进大学的第一学期，在入学教育的第一堂课上，年近花甲的老教授向我们提了这样一个问题："请问在座的各位，你们从千里之外考到这所院校，独自一人到学校报名的同学请举手。"举手者寥寥无几，且大多都是从农村来的。教授接着说："由父母亲自送到学校接待点的请举手。"大教室里近百双手齐刷刷地举了起来。教授摇摇头，笑了笑给我们讲了这样一个故事。

一个中国留学生，以优异的成绩考入了美国的一所著名大学，由于人生地不熟，思乡心切加上饮食生活等诸多的不习惯，入学不久便病倒了，更为严重的是由于生活费用不够，他的生活甚为窘迫，濒临退学。给餐馆打工一小时可以挣几美元，他嫌累不干。几个月下来他所带的费用所剩无几，学校放假时他准备退学回家。回到故乡后在机场接他的是他年近花甲的父亲。当他走下飞机扶梯的时候，立刻看到自己久违的父亲，便兴高采烈地向他跑去。父亲脸上堆满了笑容，张开双臂准备拥抱儿子。可就在儿子搂到父亲脖子的那一刹那，这位父亲却突然大大地向后退了一步，孩子扑了个空，一个趔趄摔倒在地。他对父亲的举动深为不解。父亲拉起倒在地上已经开始抽泣的孩子，深情地对他说："孩子，这个世界上没有任何人可以做你的靠山，当你的支点。你若想在激烈的竞争中立于不败之地，任何时候都不能丧失自立、自信、自强的生命支点，一切全靠你自己！"说完父亲塞给孩子一张返程机票。这位学生没跨进家门便又直接登上了返校的航班，返校不久他获得了学院里的最高奖学金，且有数篇论文发表在有国际影响的刊物上。

教授讲完后当我们急于知道这个父亲是谁时，老教授说："这世界上每一个人出生在什么样的家庭、有多少财产、有什么样的父亲、什么样的地位、怎样的亲朋好友并不重要，重要的是我们不能将希望寄托于他人，必要时要给自己一个趔趄，只要不轻易放弃，不丧失自立、自信、自强，就没有什么实现不了的事。"听了教授的故事，全场鸦雀无声，我们似乎一下子长大了许多。

50. 穷渔民与富财主

从前，在印度沿海有一个渔村，村里的许多渔民世代居住在那里。每天傍晚，当天空射出万道霞光的时候，渔民们就扬帆出海，在风浪中撒网捕鱼。

他们终年辛勤劳动。有时，为了让附近村镇上的居民能吃上鱼，他们常常要冒着生命危险到深海去捕鱼。

当他们到远海去开辟新的渔场时，一些船不免会触礁沉没，船上的人也会因之送命；有时海上掀起狂风恶浪，也会使一些渔船葬身海底。每当传来渔民遇难的消息时，那些小茅屋里就会传来撕裂人心的哭声，十分悲惨。浩瀚的大海虽然常常使他们失掉生命，但是，对渔民来说，海仍然有着巨大的吸引力。不管有多大的风险，他们总是照常下海捕鱼。

有一天，渔民南图尼欧的父亲淹死在海里。出海归来的渔民来到南图尼欧家，对他母亲说，他父亲的船被海浪吞没，他遇难了。

然而，他们想尽办法，把他的船弄了回来。

听说父亲死了，南图尼欧和母亲悲痛欲绝，痛哭了很长时间。但第二天，南图尼欧就把船交给修船人，不到一个星期，修船人就把船修好了，他决定尽快出海捕鱼。

晚上，南图尼欧到市场去买网，碰到了地主的儿子。南图尼欧同他关系很不错，只要碰到他，总要攀谈一会儿。地主的儿子问道："怎么，你又买网了？"

"是的，明天我将驾着已经修好的船去捕鱼，你去吗？"

"什么？出海？不去，我害怕，太危险了。"

"害怕？有什么害怕的？"

"当然是怕大海，我听说，你父亲上星期淹死了。"

"是这样，那又怎样？"

"你不害怕吗？"

"有什么好怕的呢？我是渔民的儿子，渔民是不怕大海的。"

"现在请你告诉我，你祖父是干什么工作的？"

"他也是渔民。"

"他是怎么死的？"

"他出海捕鱼，遇上了狂风恶浪，再也没有回来。"

"你曾祖父呢？"地主的儿子惊奇地问道。

"也死在海里了。他更加敢于冒险，他驾着船，绕过科伦坡，到印度东海岸去采珍珠，他潜入水里，再也没有上来。"

"奇怪，你们是怎么回事？一个个都死在海里，却还要下海捕鱼。"地主的儿子惊叹不已地说。

现在该南图尼欧问地主的儿子了。他搔搔头，问道："我听说你父亲最近去世了，他死在哪里？"

"他是在家里睡觉时死去的，他已经年纪很大了，当仆人去叫他起床时，发现他已经断气了。"

"你祖父呢?"

"他也活了很大年纪,最后病死在家里。"

"你的曾祖父?"

"我听说,他卧病很久,也是死在家里的。"

"我的老天爷!他们都是在家里死的,可你现在还住在那个家里,难道你不害怕吗?"地主的儿子被问得张口结舌,无言以对。

51. 司机考试

某大公司准备以高薪雇用一名小车司机,经过层层筛选和考试之后,只剩下三名技术最优良的竞争者。主考者问他们:"悬崖边有块金子,你们开着车去拿,觉得能距离悬崖多近而又不至于掉落呢?""二公尺。"第一位说。"半公尺。"第二位很有把握地说。"我会尽量远离悬崖,愈远愈好。"第三位说。结果这家公司录取了第三位。

52. 多一门技艺

在一个漆黑的晚上,老鼠首领带领着小老鼠出外觅食。在一家人的厨房内,垃圾桶之中有很多剩余的饭菜,对于老鼠来说,就好像人类发现了宝藏。

正当一大群老鼠在垃圾桶及附近范围大挖一顿之际,突然传来了一阵令它们肝胆俱裂的声音,那就是一头大花猫的叫声。它们震惊之余,更各自四处逃命,但大花猫绝不留情,不断穷追不舍,终于有两只小老鼠走避不及,被大花猫捉到,正要把它们吞噬之际,突然传来一连串凶恶的狗吠声,令大花猫手足无措,狼狈逃命。

大花猫走后,老鼠首领施施然从垃圾桶后面走出来说:"我早就对你们说，多学一种语言有利无害，这次我就因而救了你们一命。"

53. 学习的智慧

曾经，有一个学生诚惶诚恐地来请教他的老师，学生问："老师，请问我要怎么样做，才能够学会您所有的智慧呢？"

这个学生的老师，是一位深具智慧的大师，他听到学生这样的问题，笑了笑之后，反问学生说："那么，你认为应该怎么样，才能够学会我所有的智慧呢？"

学生想了想，立刻说："我以为，最好老师能够一次教会我所有智慧的关键，让我能够完全了解老师您所了解的事情！"

大师又笑了笑，从桌上拿起了一个苹果，放到嘴边，大大地咬了一口。大师望着他的学生，口中不断咀嚼着苹果，不发一言。

过了好一会儿，大师才又张开嘴，将口中已经嚼烂的苹果，吐在手掌当中。

大师伸出手，将已嚼烂的苹果拿到学生的面前，然后对着他的学生说："来，把这些吃下去！"

学生惊惶地说："老师，这……这怎么能吃呢？"

大师又笑了笑，说："我咀嚼过的苹果，你当然知道不能吃；但为什么又想要汲取我的智慧的精华呢？你难道真的不懂？所有的学习，都必须经过你本身亲自去咀嚼的。"

54. 走哪条路

一天，鬣狗先生该吃中午饭了，就出去找食。走着走着，它闻到一股扑鼻的烤肉香味。它不由纳闷，香味是从哪儿飘来的呢？它决定沿着通往密林的一条小路去寻找。

鬣狗沿小路走了一段，前边出现了岔路，原来的小路分成两支。这时，烤肉的香味越来越浓。鬣狗站在岔道口想："到底哪条路能把我带到那美好的地方去呢？"它闻闻这条路，又闻闻那条路，犯了难，决定不下究竟应该走哪条。

最后，它决定先试一下，自言自语地说："我还是走左边这条吧，看来这条路能把我带到有烤肉的地方。"

试走一段之后，它想："这条好像不对，我必须走右边一条。"它灰心丧气地走回来，又有些担心：自己还没有走到头儿，万一那里有烤肉，被别人吃完了怎么办？考虑来考虑去，究竟是沿左边那条小路走下去，还是重新走右边那条，半天拿不定主意。后来，它忽然心生一计，决定沿着两条小路同时走，它得意地说："看来只有这样，我才能走到那烤肉的地方。"

鬣狗把四条腿横跨在两条小路上，前两条腿站在左边，后两条站在右边。就这样，它起步出发了。

刚开始，两条路之间隔得不远，它觉得还比较容易走。但走了一段之后，两条小路之间的距离越来越宽，前后腿之间的距离也不得不越张越大。后来，大得简直难以忍受，好像它那饿扁了的肚子随时都可能被撕成两半，连步子也迈不动了。它气喘吁吁地呻吟着，一点一点地往前挪，但它仍然盼着能达到目的。最后，它感到实在坚持不住了，颓然栽倒在地上。它只能任由烤肉的香味一阵一阵地飘过它的鼻子了。

55. 孤儿卖石

有一个孤儿，生活无依无靠，既没田地可以种，也没有钱可用来经商。他十分迷惘和彷徨，整天过着流浪与乞讨的日子，没有人能看得起他。有一天，他感觉再也不能这样生活下去，便去拜见一位高僧，向他求教。

高僧把他带到一处杂草丛生的乱石旁，指着一块石头说："明天早晨，你把它拿到集市去卖。但要记住，无论多少人出多少钱要买这块石头，你都不要卖。"

孤儿满腹狐疑，心想这只不过是一块顶普通的石头，怎么会有人肯花钱买呢？但是，他还是抱着石头来到集市内，在一个不起眼儿的地方蹲下来叫卖石头。

可是，那毕竟是一块石头啊，根本没有人把它放在眼里。第一天过去了，第二天又过去了，依然无人问津。直到第三天，才有人来询问。第四天，真的有人想要买这块石头了。第五天，那块石头已经能卖到一个很好的价钱了。

孤儿回到寺庙里，兴奋地向高僧报告："想不到一块石头值那么多钱。"

高僧笑笑说："明天你拿到黄金市场去，记住，无论人家出多少钱都不能卖。"

孤儿又把石头拿到黄金市场去，一天、两天过去了，第三天，又有人围过来问。几天以后，问价的人越来越多，价格也已被抬得高出了黄金的价格，而孤儿依然不卖。但是越是这样，人们的好奇心就越大，石头的价格被抬得越来越高。

孤儿又去找高僧，高僧说："你再把石头拿到珠宝市场去卖，记住，无论别人出多少钱你都不能卖。"

孤儿把石头拿到珠宝市场，又出现了同样的情况，到了最后，石头的价格已被炒得比珠宝的价格还要高了。由于孤儿无论如何都不卖，更是被传扬为"稀世珍宝"。

对此，孤儿大惑不解，去请教高僧。

高僧说："世上人与物皆如此，如果你认定自己是块陋石，那么你可能永远只是一块陋石；如果你坚信自己是一个无价的宝石，那么你就是无价的宝石。"

56. 创造机会

A 在合资公司做白领，觉得自己满腔抱负没有得到上级的赏识，经常想：如果有一天能见到老总，有机会展示一下自己的才干就好了！

A 的同事 B，也有同样的想法，他更进一步，去打听老总上下班的时间，算好他大概会在何时进电梯，他也在这个时候去坐电梯，希望能遇到老总，有机会可以打个招呼。

他们的同事 C 更进一步。他详细了解老总的奋斗历程，弄清老总毕业的学校，人际风格，关心的问题，精心设计了几句简单却有分量的开场白，在算好的时间去乘坐电梯，跟老总打过几次招呼后，终于有一天跟老总长谈了一次，不久就争取到了更好的职位。

57. 一张罚单

德国是个工业化程度很高的国家，说到奔驰、宝马、西门子、博世……没有人不知道，世界上用于核反应堆中最好的核心泵是在德国一个小镇上产生的。在这样一个发达国家，人们的生活一定是纸醉金迷灯红酒绿吧。

在去德国考察前，我们在描绘着、揣摩着这个国度。到达港口城市汉堡之时，我们习惯先去餐馆，公派的驻地同事免不了要为我们接风洗尘。

走进餐馆，我们一行穿过桌多人少的中餐馆大厅，心里犯疑惑：这样冷清清的场面，饭店能开下去吗？更可笑的是一对用餐情侣的桌子上，只摆有一个碟子，里面只放着两种菜，两罐啤酒，如此简单，是否影响他们的甜蜜聚会？如果是男士买单，是否太小气，他不怕女友跑掉？

另外一桌是几位白人老太太在悠闲地用餐，每道菜上桌后，服务生很快给她们分掉，然后被她们吃光。

我们不再过多注意她们，而是盼着自己的大餐快点上来。驻地的同事看到大家饥饿的样子，就多点了些菜，大家也不推让，大有"宰"驻地同事的意思。

餐馆客人不多，上菜很快，我们的桌子很快被碟碗堆满，看来，今天我们是这里的大富豪了。

狼吞虎咽之后，想到后面还有活动，就不再恋酒菜，这一餐很快就结束了。结果还有三分之一没有吃掉，剩在桌面上。结完账，个个剔着牙，歪歪扭扭地出了餐馆大门。

出门没走几步，餐馆里有人在叫我们。不知是怎么回事：是否谁的东西落下了？我们都好奇，回头去看看。原来是那几个白人老太太，在和饭店老板叽哩呱啦说着什么，好像是针对我们的。

看到我们都围来了，老太太改说英文，我们就都能听懂了，她在说我们剩的菜太多，太浪费了。我们觉得好笑，这老太太多管闲事！"我们花钱吃饭买单，剩多少，关你老太太什么事？"同事阿桂当时站出来，想和老太太练练口语。听到阿桂这样一说，老太太更生气了，为首的老太太立马掏出手机，拨打着什么电话。

一会儿，一个穿制服的人开车来了，称是社会保障机构的工作人员。问完情况后，这位工作人员居然拿出罚单，开出 50 马克的罚款。这下我们都不吭气了，阿桂的脸不知道扭到哪里去了，也不敢再练口语了。驻地的同事只好拿出 50 马克，并一再说："对不起！"

这位工作人员收下马克，郑重地对我们说："需要吃多少，就点多少！钱是你自己的，但资源是全社会的，世界上有很多人还缺少资源，你们不能够也没有理由浪费！"

我们脸都红了。但我们在心里却都认同这句话。一个富有的国家里，人们还有这种意识。我们得好好反思：我们是个资源不是很丰富的国家，而且人口众多，平时请客吃饭，剩下的总是很多，主人怕客人吃不好丢面子，担心被客人看成小气鬼，就点很多的菜，反正都有剩，你不会怪我不大方吧。

那天，驻地的同事把罚单复印后，给每人一张做纪念，我们都愿意接受并决心保存着。阿桂说，回去后，他会再复印一些送给别人，自己的一张就贴在家里的墙壁上，以便时常提醒自己。

58. 智慧可以求生

在古希腊，处死囚徒的方法有两种：一种是砍头，一种是用绳绞死。

一次，好恶作剧的国王派刽子手向囚徒们宣布："国王陛下有令——让你们任意挑选一种死法。你们可以任意说一句话——如果说的是真话，就绞死；如果说的是假话，就杀头。"

这样的法令真是太奇怪了。但囚徒们的命运操纵在国王的手里，反正都是一死，也就顾不得多想，就很随意地说一句话。结果，囚徒们不是因为说了真话而被绞死，就是因为说了假话而被砍头。

国王看到杀囚徒像玩游戏一样有趣，觉得十分开心。

在囚徒中，有一个非常聪明的人，当轮到他来选择处死方法时，他巧妙地对国王说："你们要砍我的头！"

国王一听，顿时感到好为难。如果真的砍他的头，那么他说的就是真话，而说真话是要被绞死的；但如果要绞死他，那他说的"要砍我的头"便成了假话，而假话又是应该被砍头的，但他说的又不是假话。他的话既不是真话，又不是假话，也就既不能绞死，又不能砍头。

国王无奈，只好挥挥手说："放这个聪明人一条生路吧！"

于是，国王那条奇怪的法令，只好马上宣告废除。

59. 可以低头，但不能弯腰

苗家人房屋的建筑最有特点，一个不大的屋子里面可以有几十个房檐和门槛。平日里，苗寨里的乡亲们就背着沉甸甸的大背篓从外面穿过这些房檐和门槛走进来。

令我不明白的是，虽然有这么多的障碍，可从来没看见他们当中有人因此撞到房檐或者是被门槛绊倒。要知道，对于一个外乡人来说，即使是空手走在这样的屋子里也会经常碰头、摔跟头的，何况，他们的身后还背着那么重的背篓。

后来，我请教了一位当地的居民，老人家告诉我，要想在这样的建筑里行走自如，就必须记住一句话：可以低头，但不能弯腰。低头是为了避开上面的障碍，看清楚脚下的门槛。而不弯腰则是为了有足够的力气承担起身上的背篓。

听完老人家的话，我陷入了沉思。可以低头，但不能弯腰。我们对生活的态度，不也正应该如此吗？苗家的房舍不正像我们的生活吗，一路上充满了房檐和门槛，一个不大的空间里到处都是磕磕绊绊。而我们肩膀上那个大背篓里装满了我们做人的尊严。背负着尊严走在高低不同、起伏不定的道路上，我们必须时刻提防四周的危险。为了不磕头，不摔跟头，我们开始学会了低头——低头做人，低头处世，把自己的锋芒收敛起来，小心翼翼低头走路。

我们生命里的房檐和门槛太多太多了。从很小的时候，我们就不断的碰头，摔跟头。后来，我们长大了，父母告诉我们做人一定要低头，遇人遇事先要低三分头，处处忍让。为的只是少一些麻烦，少一点伤痛。可我们忘记了，我们的背后还有一个背篓，一个装满做人尊严的背篓。在我们不断低头的过程中，我们身后的尊严已经摇摆不定了。一旦低头超过了底线，连腰也弯下来，那么我们如何还能背起做人的尊严，生活的尊严？

台湾著名作家三毛就有过类似的经历。当年，她只身赴海外学习，临行前，双亲一再叮咛，告诉她在一个陌生的环境里一定要夹着尾巴做事，低着头做人。少说话，多做事。

她也确实按照父母的意思去做了。寝室里所有的杂务都是她一个人去做。开始大家还有些不好意思，可渐渐地，人们认为这个中国女孩是个笨蛋，把她的忍耐当作了愚蠢。于是对她越来越过分，把她的劳动当作理所当然。

后来，竟然连内衣裤都要三毛去洗。这样的日子持续了将近一年。最后身心俱疲的三毛再也无法忍受了，她用生平最强硬的语气和她们交涉，这个从不发脾气的中国女孩愤怒了，她将对方的衣服一一扔还给她们。直到这时候，人们才明白过来，原来这个一向连走路都低头的女孩子不是一个傻子。她们错把三毛的退让当作了懦弱，把谨慎当作了弱智。

从那以后，再也没人敢轻视这个台湾来的学生。更出人意料的是，直起腰板做人的三毛不仅没被大家孤立，反而赢得了人们的尊敬。并且和所有人成为了朋友，其中有些人一生都在和她保持着联系。

在此后的岁月里，三毛依旧是低头走路，但她再也没有因为害怕伤害而弯下自己的腰，再也没有让尊严从身后的背篓里摔出来。

为了避开不必要的麻烦，三毛曾不停地低头。低头做人本身没有错，错在头低得多了，连腰都弯了下去。腰一弯，背篓也就不能保持平衡了，尊严也就掉了出来，撒了一地，摔得粉碎。而得来的不是别人的尊重，却是无穷的轻蔑与愚弄。

60. 离上帝很近

市场有个鱼摊，买者众多。鱼贩宰鱼的手法很快，取鱼，往地上一摔。鱼若还跳动，用木柄刷子猛击鱼的头部，鱼便不动了。取刀，剖开鱼腹，红色血喷涌而出。这样的场面，我们早已熟视无睹。但那天来了一个女人，鱼贩在剖开鱼肚时，她突然哭了。鱼贩抬头，说："你又来了!"继而，呵斥她离开。

女人凄然而去。他笑："一个女疯子，一看到我杀鱼，她就哭。"我也笑。因为疯子是不可理喻的。

转到生禽摊，我突然发现这个女人面对一只等待宰杀的鸡在哭泣。

德国等国家有规定，杀鱼者不能直接宰杀，得先让鱼服晕鱼丸。而生禽，则要避开大众的视线。如果违反，则会被惩罚。西方国家此举显得小题大做，但这背后体现的是长时间累积的人文观念。我们的悲悯，常常是基于同类的，而对自然界，对于其他生灵的尊重，远未有一个透彻的领悟。

61. 神的考核

有个人有幸遇到了神，神对他说："我愿意满足你的任何一个愿望，条件是，你的邻居将得到双份。"于是这人先是大喜，继而大悲，终而大怒。天! 我的邻居将比我多一倍，假如我得到一块金子，他将得到两块，假如我得到一个美女，他将得到两个，这怎么行? 不! 我无论如何不能看到这样的现实，于是他对神说："万能的神啊! 你先把我的眼睛挖了吧!"

神略施小计，就完成了对人的考核。

还有一则故事。黄鼠狼爱上了一个美少年，就哀求爱神帮它一把，把它变成一个美女。爱神答应了它，它也果然成了披着婚纱的新娘子，就要嫁给那个美少年了。可也就在这个时候，爱神决定再度考核考核它，于是悄悄变成母鸡，出现在"新娘子"的面前。新娘子一见母鸡，也就立刻迫不及待地往上一扑——也就这么一扑，它也原形毕露，又成了黄鼠狼。

神的考核，的确太机智太巧妙了。

第三个故事同样意味深长。森林里住着百鸟百兽，有一天神来到这里，对百鸟百兽说："你们中要是有谁觉得自己还不够漂亮，不妨告诉我，我将帮助它。"不料森林里的生灵都觉得自己漂亮，竟然互相挖苦起来——猴子嘲笑马的脸太长，马则嘲笑兔子尾巴太短，兔子则嘲笑猴子长了个红屁股……一时间吵得昏天黑地。突然，孔雀红着脸说了一句："大家都比我漂亮，和大家比我是最丑的一个。"神听了点了点头，立刻给了孔雀一个天下最美的尾巴！而其他的鸟兽，也就无可奈何地一直后悔到今天。

妙！神只要问一个问题，就可以让所有的灵魂都晒一晒太阳！

62. 监狱可能不够用

拿破仑·希尔曾经做过一个这样的试验，他问一群学生："你们有多少人觉得我们可以在三十年内废除所有的监狱？"

学员们觉得很不可思议，这可能吗？他们怀疑自己听错了。一阵沉默以后，拿破仑·希尔又重复了一遍："你们有多少人觉得我们可以在三十年内废除所有的监狱？"

确信拿破仑·希尔不是在开玩笑以后，马上有人站起来大声反驳："这怎么可以，要是把那些杀人犯、抢劫犯以及强奸犯全部释放，你想想会有什么可怕的后果啊？这个社会别想得到安宁了。无论如何，监狱是必需的。"

其他人也开始七嘴八舌讨论："我们正常的生活会受到威胁。""有些人天生坏改不好的。""监狱可能还不够用呢！""天天都有犯罪案件的发生！"还有人说有了监狱，警察和狱卒才有工作做，否则他们都要失业了。

拿破仑·希尔不为所动，他接着说："你们说了各种不能废除的理由。现在，我们来试着相信可以废除监狱，假设可以废除，我们该怎么做。"

大家勉强地把它当成试验，开始静静的思索，过了一会儿，才有人犹豫地说："成立更多的青年活动中心应该可以减少犯罪事件。"不久，这群在 10 分钟以前坚持反对意见的人，开始热心地参与了，纷纷提出了自己认为可行的措施。"先消除贫穷，低收入阶层的犯罪率高。""采取预防犯罪的措施，辨认、疏导有犯罪倾向的人。""借手术方法来医治某些罪犯。"……最后，总共提出了 78 种构想。

63. 抬起两只脚的后果

在印度哲学家奥修的书中讲过一个故事。奥修对一个人说，站立时我有办法让你的左脚不能抬起来。那个人就笑他，脚是我自己的，你怎么能让我抬不起来呢。于是奥修就对他说，你先把你的右脚抬起来。等那人照办后，他又说，别放下你的右脚，再把你的左脚抬起来。那人自然做不到了。

有时候我们以为自己做得越多，就得到越多，机会和可能性越多。可有时候却是恰恰相反，因为做了一件事却可能使我们陷入绝境。

还记得刚入小学一年级的时候，老师问我们有什么梦想，回忆一下那些梦想绝大多数惊天动地，比如成为国家领袖、宇航员、科学家、世界首富、电影明星、首席间谍……就连律师、医生这类比较时髦的职业都很少进入考虑之列。而老师看着未来的栋梁们，听得眉开眼笑，以后可以借着"名人之师"的名义发达了。

不过，当然不可能一个班都成为时代英雄。过了 17 年，又遇到了昔日的同学，大家的理想几乎全部变成了：在 40 岁前还完房子的贷款；在 5 年内晋升为主任；嫁个合适的人；把父母接到城市里生活……要说我们班最大的英雄，应该数那个男生，一举让老婆生了对双胞胎。

64. 国王与大臣

在一个遥远的国度里，一个愚蠢而又肥胖的国王统治着这个国家，但他有一个很机灵很狡猾的臣子。国王非常宠信这位大臣，主子与奴才一唱一和，互相搭配。大臣一有机会，就千方百计地让国王看看他有多么聪明，因此，没过多久，国王就一步也离不开他了。

国王常常对大臣说："你得答应永远不离开我。"大臣总是回答说："不会，永远不会，国王陛下。不管您到哪儿，不管是在人间、天上，还是地狱，我都永远在您身旁。"国王听了，心里那个高兴劲，就甭提了。

有一天傍晚，国王沿着小河散步，大臣照例陪伴着他。在他们回宫的路上，突然听到附近森林里的狐狸在大声嗥叫。国王觉得很奇怪，他回过头来问大臣："怎么有那么多狐狸在大声嗥叫？当它们知道我那尊贵的耳朵能够听到它们的声音时，为什么它们这样大声呀？"

大臣回答说："陛下，您知道，今年冬天天气特别冷。狐狸没有暖和的衣服，它们在求您赏给它们一些毯子。"

"啊，原来如此，"国王说，"你这人多么聪明呀！你能听懂狐

121

狸的话，真是了不起。可是，为什么它们没有毯子？"

"管这事的官儿没有尽到责任。"大臣回答道，因为他和这个官员有仇。

"太可耻啦！这个官儿竟敢贪污我们亲爱的狐狸的毯子？好吧，用条毯子把他裹起来，把他扔到海里，然后买 100 条毯子送给我们的狐狸朋友。"国王命令道。

大臣立刻去执行国王的命令。但他只执行了前一半——把官员扔进大海。他到国库去领了买毯子的钱，可是没有去买毯子，他把钱放进自己腰包里了。第二天傍晚，国王又听到狐狸大声嗥叫。他奇怪地问："它们怎么啦？为什么又叫了？"

"陛下，它们在向您致谢呢。"大臣微笑着回答。

"妙极了！"国王说，"我相信别的国王决不会有一个像我这样聪明的大臣的。我的朋友，答应我，你永远不要离开我。"

大臣请他放心，说："陛下，我永远不会离开您，不管您在天上，还是在地下，我都陪伴着您。"

国王心中十分高兴，但他并没有高兴多久。突然间，从森林里冲出一头公猪，国王从来没有见过公猪，他好奇地说道："天哪！这是个什么动物啊？"

大臣当然知道这是什么，但他沉着地回答："陛下，这是您的一头象。象倌没有好好地喂养它，所以成了这副模样。"

国王听了，勃然大怒。他立刻下令把象倌处死，又命大臣去国库领钱，给大象买饲料。需要多少，就领多少，要让它吃饱、变胖。

用不着说，大臣从国库那里支取了一大笔钱，但全都放进了自己的腰包。

一个月过去了，一天傍晚，国王和大臣散步回来，又碰见那头公猪。国王觉得很奇怪，他问大臣说："这就是我们见过的那头挨饿的大象吗？它怎么一点儿也没有长胖？"

　　大臣咧开大嘴，笑得把智齿都露出来了："陛下，那头大象现在胖得跟您一样。这是一只老鼠。这家伙每天都偷吃御厨房的东西，所以长得这么大。看来，厨子实在太不尽职了。"

　　国王愚蠢的圆脸蛋儿气得和红辣椒一样。他两眼圆睁，抱怨说："你看，这多么糟糕，由于厨子不尽职，我的好东西都让老鼠偷吃了！"他立刻下令，厨子做完这顿晚饭后，就把他吊死。

　　太阳快下山时，厨子悄悄地来到大臣家里，送了他很多钱，并且答应，如果大臣能救他，从此以后，国王吃的好菜每样都送他一份。

　　大臣一听，心中非常高兴，他对厨子说："你不用发愁，这事包在我身上。"

　　到了半夜，卫队正要在国王面前把厨子吊死，大臣跑来大声喊道："不要动手，不要动手！"

　　他对国王解释说："陛下，我刚刚查过历书，历书上写得明白，今天半夜可是一个好时辰。在这个时辰吊死的人都可以升天堂。陛下，如果现在把厨子吊死，那就不是惩罚他，而是奖赏他了。我们为什么要送一个坏蛋上天堂呢？"

　　出乎大臣意料之外，国王高兴得跳了起来，他说："好，太好啦！我早就想看看天堂啦。你们不要吊死他，你们来吊死我，好让我马上看到天堂……不过等一等！"他转过身对大臣说，"亲爱的朋友，你经常说，不管我到哪儿，你都陪着我。现在我要到天上去了，你来给我带路。刽子手，先把他吊死。"

　　惊惶失措的大臣还没有来得及说一句话，卫兵就把他的脑袋套进绞索，刽子手把他高高地吊在空中。命令执行得如此干脆利落，使国王十分满意。

　　刽子手吊死了大臣，就转过身来把国王也吊死了。

　　他们有没有看见天堂？唔，这我可不知道。

65. 老虎的威风

从前，有一位常到森林打猎的猎人，他的眼神犀利如鹰、身手矫健，而且箭法奇准无比，许多动物一见到他，就吓得四散奔逃，生怕一命呜呼。

这天猎人又到森林里打猎，许多野兽纷纷逃避，只有一只原本在睡午觉的老虎慢慢站起来，伸了伸懒腰，不耐烦地问：“到底发生了什么事，你们怎么这么吵啊？跑什么呢？”

正准备逃命的小狐狸，神色紧张地说：“猎人来了，再待下去可能连命都没了，不走怎么行！”

老虎神色自若地说：“猎人有什么好怕的？不就是个人吗，我才不想走呢！你也不必怕，我会保护你的，以我的威势和力气，谁也无法赢过我，一个小小的猎人算什么！”

小狐狸见老虎一动也不动，好像很有自信的样子，想了一下，于是决定躲在一旁静观其变。

猎人慢慢地向老虎靠近，老虎怒吼了几声，并且不断地用爪子在泥土上留下爪印，颇有示威之意。因为老虎以为借着凶狠的眼神、震天响的吼声、蓄势待发的动作，会让猎人吓得打退堂鼓。

没想到，就在老虎心里打着如意算盘，表现出一副谁也伤不了我的样子时，一枝又准又利的箭，不偏不倚地刺在老虎身上，老虎虽然奋力地挣扎，最后还是因为失血过多而应声倒下。

这时，躲在树丛里的小狐狸探出头来看看老虎，并且很吃惊地说：“你刚刚不是很有把握能打败猎人吗？”

老虎奄奄一息地说：“都是我自己太大意了，错估敌人的实力，才会落得这般下场。”

66. 大学校长

1929 年，美国发生了一件震动全国教育界的大事，美国各地学者都赶到芝加哥去看热闹。

在几年之前，有个名叫罗勃·郝金斯的年轻人，半工半读地从耶鲁大学毕业，做过作家、伐木工人、家庭教师和卖成衣的售货员。现在，只经过了 8 年，他就被任命为全美国第四大名校——芝加哥大学的校长。他只有 30 岁！真叫人难以置信。老一辈的教育界人士都大摇其头，人们对他的批评就像山崩落石一样一齐打在这位"神童"的头上，说他这样，说他那样——太年轻了，经验不够，说他的教育观念很不成熟，甚至各大报纸也参加了攻击。

在罗勃·郝金斯就任的那一天，有一个朋友对他的父亲说："今天早上我看见报上的社论攻击你的儿子，真把我吓坏了。"

"不错，"郝金斯的父亲回答说，"话说得很凶。可是请记住，从来没有人会踢一只死了的狗。"不错，狗越是重要，踢它的人越能够感到满足。你想想哪一个美国人曾经被人家骂做"伪君子"、"大骗子"、"只比谋杀犯好一点点"呢？报纸上有一幅漫画，画着他站在断头台上，那把大刀正准备把他的头砍下来，在他骑马从街上走过的时候，一大群人围着他又叫又骂。他是谁呢？就是美国的国父——乔治·华盛顿。

67. 自然之道

我和七个旅行同伴及一个生物学家向导，结队到达南太平洋的加拉巴哥岛。这个海岛上有许多太平洋绿海龟用来孵化小龟的巢穴，我们去那里旅游的一个目的是，想实地观察一下幼龟是怎样离巢进入大海的。

太平洋绿龟的体重在 *150* 公斤左右，幼龟不及它的百分之一，幼龟一般在四五月间离巢而出，争先恐后爬向大海。只是从龟巢到大海需要经过一段不短的沙滩，稍不留心便可能成为鹰等食肉鸟的食物。

那天我们上岛时，已近黄昏，我们很快就发现一只大龟巢。突然，一只幼龟率先把头探出龟巢，却又欲出而止，似乎在侦察外面是否安全。正当幼龟踯躅不前时，一只嘲鹰突兀而来，它用尖嘴啄幼龟的头，企图把它拉到沙滩上去。

我和同伴紧张地看着眼前的一幕，其中一位焦急地问向导："你得想想办法啊？选。"向导却若无其事地答道："叼就叼去吧，自然界之道，就是这样的。"

向导的冷淡，招来了同伴们一片"不能见死不救"的呼唤。向导极不情愿地抱起小龟，把它引向大海，那只嘲鹰眼见着到手的美食给抱走，只能颓丧地飞走了。

然而，接下来发生的事却使大家极为震惊。向导抱走幼龟不久，成群成群的幼龟从巢口鱼贯而出。现实很快使我们明白：我们原来干了一件愚不可及的蠢事。

那只先出来的幼龟，原来是龟群"侦察兵"，一旦遇到危险，它便会返回龟巢。现在做向导的幼龟被引向大海，巢中的幼龟得到错误信息，以为外面很安全，于是争先恐后地结伴而行。

黄昏的海岛，阳光仍很明媚。从龟巢到海边的一大段沙滩，无遮无挡，成百上千的幼龟结群而出，很快引来许多食肉鸟，它们确实可以饱餐一顿了。

"天啊？选。"我听到背后有人说，"看我们做了些什么？选。"

这时，数十只幼龟已成了嘲鹰、海鸥、铿鸟的口中之物，我们的向导赶紧脱下头上的棒球帽，迅速抓起数十只幼龟，放进帽中，向海边奔去。我们也学着他的样子，气喘吁吁地来回奔跑，算是对自己过错的一种补救吧。

一切都过去之后，数十只食肉鸟已吃得饱饱的，发出欢乐的叫声，响彻云霄。两只嘲鹰仍静静地伫立在沙滩上，希望能捕捉到最后一只迷路的幼龟做佳肴。我和同伴们低垂着头，在沙滩上慢慢前行。似乎在这群凡人中间，一切都寂然静止了。终于，向导发出了他的悲叹："如果不是我们人类，这些海龟根本就不会受到危害。"

68. 手机和座机

座机原本在家里享有很高的地位，主人把它放在客厅显眼位置，客人们一进门就可以看到。座机是全家人的骄傲，每天都有人把它抹得干干净净，还盖上一方手巾作为"工作服"，座机俨然成为了家里的主人翁。

忽一日，座机有了个同行，也就是冤家——"手机"。当主人把他从口袋里拿出来时，座机颇不以为然，这么个小家伙，瘦骨嶙峋的值得几个钱。然而后来一打听，人家身价抵自己好几倍呢，每个月的花销更不是自己可以比的。座机非常生气，可是又无可奈何，能上哪儿去呢？望着手机跟着主人满世界转悠，一副见多识广的模样，座机心里难受极了。骄傲的手机常常自称"白领"，对老气横秋土头土脑的座机十分不屑，觉得这个一辈子窝在家里的家伙太没出息了，哪像自己天下去得，什么世面都见过。

座机很是自卑了一阵，虽然也曾以固定工、正式在编人员自慰，可是因为待遇悬殊，底气老是不足。

忽一日，那只神气活现的"翻盖"手机不见了，取而代之的是比他更小更年轻漂亮的一只"彩屏"手机。原来"翻盖"太老了，知识结构落后了，于是被解雇了。"彩屏"小姐刚进门时同样趾高气

127

扬，瞧不起平庸无能的座机，家里人也众星捧月般围着她，又是发短信、又是打游戏……此时的座机依然有些自卑，但多少有些坦然了，他知道或许要不了多久，漂亮的彩屏小姐也会被炒鱿鱼的，待遇好的事情往往干不长，没有自己稳当。

果不其然，不到一年，彩屏小姐就下课了，新上任的是个叫"摄像头"的家伙。面对以小资金领自居的他，座机再也没有自卑感了。那天在家里两人吵了起来，座机骄傲地说："别看你现在神气，你是兔子尾巴长不了的。我虽然看上去不起眼，可是我是铁饭碗，你瞧我在这家里多少年了。你们这样的我送走了一拨又一拨，论年龄我比你们大得多；论文化我没你们高，连一句外语都不会，更别说编游戏程序、摄像了……可是我是固定工，铁饭碗。不像你们整天移动来移动去，最后连个窝都没有。可怜啊，我不和你说了，我该睡觉了。"座机一脸孤傲地不理人了。

"摄像头"忽然感到有些自卑起来，那天听说有个大单位要招几十只固定座机，摄像头很想找个地方把自己改装成座机混进去，可是最终没能实现。"固定工、固定工……"现在，可怜的手机有时候情不自禁地嘟嘟囔囔，像那个祥林嫂。"怎么又遇到盲区了……"此时，主人一脸茫然，无可奈何……

69. 钻石就在你家后院

从前有位名叫阿里·哈法德的波斯人，住在距离印度河不远的地方，他拥有大片的兰花花园、稻谷良田和繁盛的园林，是一位富有的人。

有一天，一位佛教僧侣前来拜访这位老农夫。坐在阿里·哈法德的火炉边，他向农夫讲述钻石是如何形成的。最后，这位僧侣说："如果一个人拥有满满一手钻石，他就可以买下整个国家的土地；要是他拥有一座钻石矿场，他就可以利用这笔巨额财富，把孩子送至王位。"

阿里·哈法德兴奋不已，询问那位僧侣在什么地方可以找到钻石。

"只要你能在高山之间找到一条河流，而这条河流是流淌在白沙之上的，那么，你就可以在白沙中找到钻石。"僧侣说。

于是，阿里·哈法德卖掉了农场，将利息收回，然后就出发去寻找钻石了。

在人们看来，他最初寻找的方向是十分正确的，他先是前往月亮山区寻找，然后来到巴勒斯坦地区，接着又流浪到了欧洲，最后，他身上的钱全部花光了，衣服又脏又破。在旅途中的最后一站，这位历经沧桑、痛苦万分的可怜人站在西班牙巴塞罗那海湾的岸边，怀揣着被那位僧侣所激起的得到庞大财富的诱惑，将自己投入了迎面而来的巨浪中。

几十年后的一天，阿里·哈法德的继承人牵着他的骆驼到花园里饮水时，他突然发现，在那浅浅的溪底白沙中闪烁着一道奇异的光芒，他伸手下去，摸起了一块黑石头，石头上有一处闪亮的地方，发出彩虹般的美丽色彩。他把这块怪异的石头拿进屋里，放在壁炉的架子上，继续去忙他的工作，把这件事给完全忘了。

几天后，那位曾经告诉阿里·哈法德钻石是如何形成的僧侣，前来拜访阿里·哈法德的继承人。当看到架子上的石头所发出的光芒时，他立即奔上前去，惊奇地叫道："这是一颗钻石！这是一颗钻石！阿里·哈法德已经回来了吗？"

"还没有，那块石头是在我家的后花园里发现的。"

他们一起奔向花园，用手捧起河底的白沙，发现了许多比第一颗更漂亮更有价值的钻石。

这就是印度戈尔康达钻石矿被发现的经过。戈尔康达钻石矿是人类历史上最大的钻石矿，其价值远远超过南非的金百利。英国国王皇冠上的库伊努尔大钻石以及镶在俄国国王王冠上的那颗世界上最大的钻石，都取自那处钻石矿。

这是美国演说家鲁塞·康维尔的著名演讲《钻石就在你家后院》的开篇故事，在抛弃其纯粹的偶然性和传奇色彩后，我们仍然会被故事背后的深刻寓意所惊醒和震撼。

"如果一个年轻人在他的工作和生活中不能发现任何机会，而他认为自己可以在其他地方做得更好，那么他会感到非常的灰心失望。"这是著名成功学家奥格森·马登给年轻人的忠告。

70. 让头脑卷起风暴

什么是"头脑风暴"？我们还是先看一个有趣的故事。

有一年，美国北方格外严寒，大雪纷飞，电线上积满冰雪，大跨度的电线常被积雪压断，严重影响通讯。

过去，许多人试图解决这一问题，但都未能如愿以偿。后来，电讯公司经理应用奥斯本发明的头脑风暴法，解决了这一难题。

他召开了一种能让头脑卷起风暴的座谈会，参加会议的是不同专业的技术人员，要求他们必须遵守以下四项基本原则：

第一，自由思考。即要求与会者尽可能解放思想，无拘无束地思考问题并畅所欲言，不必顾虑自己的想法或说法是否"离经叛道"或"荒唐可笑"；

第二，延迟评判。即要求与会者在会上不要对他人的设想评头论足，不要发表"这主意好极了！"、"这种想法太离谱了！"之类的"捧杀句"或"扼杀句"。至于对设想的评判，留在会后组织专人考虑；

第三，以量求质。即鼓励与会者尽可能多而广地提出设想，以大量的设想来保证质量较高的设想的存在；

第四，结合改善。即鼓励与会者积极进行智力互补，在增加自己提出设想的同时，注意思考如何把两个或更多的设想结合成另一个更完善的设想。按照这种会议规则，大家七嘴八舌地议论开来。有人提出设计一种专用的电线清雪机；有人想到用电热来化解冰雪；也有人建议用振荡技术来清除积雪；还有人提出能否带上几把大扫帚，乘坐直升飞机去扫电线上的积雪。对于这种"坐飞机扫雪"的设想，大家心里尽管觉得滑稽可笑，但在会上也无人提出批评。

相反，有一工程师在百思不得其解时，听到用飞机扫雪的想法后，大脑突然受到冲击，一种简单可行且高效率的清雪方法冒了出来。他想，每当大雪过后，出动直升飞机沿积雪严重的电线飞行，依靠高速旋转的螺旋桨即可将电线上的积雪迅速扇落。他马上提出"用直升飞机扇雪"的新设想，顿时又引起其他与会者的联想，有关用飞机除雪的主意一下子又多了七八条。不到一小时，与会的 10 名技术人员共提出 90 多条新设想。

会后，公司组织专家对设想进行分类论证。专家们认为设计专用清雪机，采用电热或电磁振荡等方法清除电线上的积雪，在技术上虽然可行，但研制费用大、周期长，一时难以见效。那种因"坐飞机扫雪"激发出来的几个设想，倒是一种大胆的新方案，如果可行，将是一种既简单又高效的好办法。经过现场试验，发现用直升飞机扇雪真能奏效，一个久悬未决的难题，终于在头脑风暴会中得到了巧妙的解决。

从上例可见，所谓头脑风暴会，实际上是一种智力激励法。奥斯本借用这场会议让与会者敞开思想，使各种设想在相互碰撞中激起脑海的创造性"风暴"。

71. 聪明的仆人

在斯威夫特博士家附近住着一位富有的老妇人，她时常打发仆人给他送礼物。博士接受她的礼物，但从不给那位仆人任何酬谢。一天，博士正忙着写东西，那位仆人冲进了他的房间，将一个包裹扔在书桌上，说道："我的主人送给你两只兔子。"

斯威夫特转过身来说："孩子，包裹可不是这样送法呀。现在，你坐在我的位子上，看着我是怎么送的，并要记住这个教训。"

那位仆人坐了下来，斯威夫特走出去，敲了敲门，等待回音。仆人说："进来。"

博士进了门，走到桌旁说道："先生，我的女主人向您致以亲切地问候，并希望您收下这两只兔子。"仆人回答说："谢谢你，向你的女主人致谢，谢谢他们的关心。另外，这两个先令是送给你本人的。"

博士笑了笑，打那以后，斯威夫特从没忘记给那位仆人小费。

72. 智者的回答

一、最困难的事。有人问古希腊哲学家泰勒斯："你认为人活在这个世界上，什么事情是最困难的?"泰勒斯回答说："认识你自己。"认识自己难，认识自己的不足更难。

二、贵重的财物。毕阿斯出生于古希腊普里埃耶城。一次，当普里埃耶城遭到围攻时，居民们纷纷带上自己最贵重的财物四散奔逃，只有毕阿斯一个人赤手空拳。居民们问他为什么这样离开时，他回答说："因为我的一切都在我的身上。"是的，还有比生命更宝贵的吗?

三、快乐的工作。有人问毕阿斯："什么样的工作最能让人快乐?"毕阿斯回答:"挣钱的工作。"这是一句大实话,能够挣到更多的钱,才能更好地生活。

四、安全的船。有人问古希腊思想家阿那哈斯:"什么样的船最安全?"阿那哈斯说:"那些离开了大海的船。"不走路,才不会摔倒;不航行,才没有危险。但船离开了大海,也就没有了存在的价值。

五、永远的道德。有人问雅典的执政官梭伦:"为什么作恶的人往往富裕,而善良的人却往往贫穷?"梭伦回答:"我们不愿把我们的道德和他们的财富交换,因为道德是永远的,而财富每天都在更换主人。"道德是永远的,财富是暂时的。靠作恶致富的人,内心肯定会非常空虚,而且富裕也绝不会长久。

六、理想的家居。有人问古希腊的庇塔乌斯:"最理想的家是什么样子?"庇塔乌斯回答:"既没有什么奢侈品,也不缺少必需品。"这个回答很理智,也很聪明。奢侈品是给别人看的,必需品是给自己用的。打肿脸充胖子的人,永远也成不了"胖子"。

七、健康的意义。有人问赫拉克利特身体健康的重要程度,赫拉克利特说:"如果没有健康,智慧就无法表露,文化就无法施展,力量就无法战斗,知识就无法利用。"生命因健康而快乐,因疾病而枯萎。有了健康,才有一切。

八、流动的河流。有人问赫拉克利特:"过去的事情能否更改?"赫拉克利特回答:"人不能两次踏进同一条河流。"流水会变,落花会变,时间会变,环境会变,什么都会变,什么都不能重复。

九、不同的城市。有人问柏拉图:"一个贫穷的国家为什么也有富人?"柏拉图回答:"如果你把一个国家当作一个纯粹的国家那就大错特错了。因为任何一座城市都是两座城市:即富人的城市和穷人的城市。"城市是富人的城市,也是穷人的城市。而且到任何时候，穷人都会多于富人。所以城市的领导者在作决策的时候，一定要首先想到穷人。

十、活着的意义。一个满脸愁苦的病人问安提丰："活着到底有什么意义？"安提丰说："我至今也没有弄清楚，所以我要活下去。"活着就是为了追求，为了探讨，为了知道自己还不知道的事情。也许，这就是活着的意义。

十一、吃饭的区别。有人问大哲学家亚里士多德："你和平庸的人有什么不同的地方？"亚里士多德回答："他们活着是为了吃饭，而我吃饭是为了活着。"庸人享口福之乐，哲人享智慧之乐；庸人享物质之乐，哲人享精神之乐。

十二、道歉的好处。有人问政治家塞涅卡："道歉有什么好处？"塞涅卡回答："道歉既不伤害道歉者，也不伤害接受道歉的人。"道歉是一种美德，不仅能化解很多矛盾，而且会给自己及对方带来轻松和快乐。

73. 从"监狱"中寻找希望

著名心理学家津巴多曾经做过一个实验，虽然备受争议，最后还是被迫停止，但这个实验本身却引发了人们不少的思考。

实验是这样做的：他们招收了21位本科生作为志愿者，让他们体验监狱生活。在实验中，他们分别扮演看守或者犯人。而在此之前，这21个人都经过了性格测试，被评定为情绪稳定、成熟守法的人。通过扔硬币的方式，10个人被派去当囚犯，11个人做看守，共进行两周实验。"犯人"们在一个星期天的早晨被"逮捕"了，戴上手铐，在警局登记名册，然后被带入"监狱"。一切模拟得都跟真的无异。"看守"们还制定了一些规则："犯人"在进餐、休息和熄灯后必须保持沉默；他们必须按时就餐；彼此称呼号码，要管"看守"叫"干部",等等。触犯任何条例都将遭到惩罚。

这本来就像一场游戏,但出人意料的是,"看守"和"囚犯"很快变得像现实中的一样——"看守"们认为"囚犯"都是危险的,对他们态度严厉。而"犯人"也把"看守"看成施虐狂,暗地里心存反抗。在几天之后,"犯人"们当真组织了一次反叛活动,但被"看守"们残酷地压制了。自此,"看守"们又制定了更多的规则来约束"犯人",甚至想一些办法来折磨他们。

在实验进行到中途的时候,有很多人表现出头脑混乱,不管是"犯人"还是"看守"。有一位"看守"在实验前认为自己是一个和平主义者,不喜欢进攻别人,但在实验的第 5 天,他竟然开始肆意处罚"犯人",只因为他讨厌这个人。他自己写道:"囚犯不吃这种香肠,我决定强行让他吃,我让食物从他脸上流下来……我为逼迫他吃东西而感到内疚,可是,因为他不吃我感到更恼火。"

到实验的第 5 天,实验者不得不宣布实验结束,以保全所有人。这个实验让人们大吃一惊,这些极为正常的年轻人竟会如此轻易地被激发起施虐行为,它表明,正常的、健康的、受过教育的年轻人在"监狱环境"的团体压力下能够迅速地发生转变,这也能解释人们在某些环境中为什么会有一些反常的过激行为。这个未进行完的心理实验后来被法律禁止了,原因是它太不人道。它让我们看到了人性中阴暗的一面,在充满危机和暴力的团体中,人们也变得残忍。

74. 脑袋不是用来戴帽

伍德养了 100 只鹅。有一天,死了 20 只,于是,他跑到牧师那里,请教怎样牧鹅。

那位牧师专注地听完伍德的叙述,问道:"你是什么时候放牧的?"

"上午。"

"哎呀！纯粹是个不利的时辰！要下午放牧！"

伍德感谢牧师的劝告，高兴地回了家。三天后，他又跑到牧师那里。

"牧师，我又死了20只鹅。"

"你是在哪里放牧的？"

"小河的右岸。"

"哎呀，错了！要在左岸放牧。"

"非常感谢您对我的帮助。牧师，上帝祝福您。"

过了一天，伍德再次来到牧师那里。

"牧师，昨天又死了20只鹅。"

"不会吧，我的孩子！你给它们吃了什么？"

"喂了包谷，包谷粒。"

牧师坐着沉思良久，开始发表见解："你做错了，应该把包谷磨碎喂给鹅吃。"

"万分感谢您——牧师。由于您的劝告，上帝会酬谢您。"

三天后，伍德有点不快地，但又充满希望地敲着牧师的房门。

"唔，又碰到什么新问题啦，我的孩子？"牧师得意地问道。

"昨晚又死了20只鹅。"

"没关系，只要充满信心，常到我这儿来。告诉我，你的鹅在哪里饮水？"

"当然是在那条小河里。"

"真是大错特错，错上加错！不能让它们饮河水，要给它们喝井水，这样才有效。"

"谢谢，牧师。您的智慧总是拯救您的信徒……"

伍德通过开着的门进来时，那位牧师正埋头读着一部厚厚的古书。

"向您问好，牧师。"伍德带着极大的尊敬说道。

"上帝把你召到我这儿。看，甚至现在我还在替你的鹅操心。"

"又死了20只鹅，牧师。现在我已经没有鹅了。"

牧师长时间地沉默不语。沉思许久后，他叹息道："我还有几个忠告没对你说，多可惜啊！"

75. 可怕的成功模式

肺鱼不但可以像其他鱼类那样用鳃呼吸，还有一种特殊的本领，那就是靠肺在空气中直接进行呼吸，因此被称为肺鱼。肺鱼大多生活在美国西部人烟稀少的沼泽地带，一旦栖息地的水质发生变化或沼泽干涸，它们的肺就派上用场了。

每当旱季到来，水源枯竭的时候，肺鱼就将自己藏匿于淤泥之中。它们巧妙地在淤泥中构筑泥屋，仅在相应的地方开一个呼吸孔。它们就这样使身体始终保持湿润，在泥屋中养精蓄锐。数月后，雨季来临，泥屋便会在雨水的浸润冲刷下土崩瓦解，肺鱼又重新回到有水的天地。

最近，科学家发现，当地的土著人居然拿肺鱼当美食。他们在旱季出发，来到肺鱼生活的沼泽地。这时，沼泽地里到处布满了泥屋，几乎每间泥屋都藏着一条肺鱼。土著人就这样轻而易举地将肺鱼捉住了。但他们并不立即将肺鱼煮着吃，而是先用一盆清水将肺鱼养几天，等体内的脏东西都吐出来了，再将肺鱼放在早就用白水以及各种调料和好的面糊里，肺鱼以为旱季到了，便将面糊做成面屋将自己包裹起来。这时，土著人便可以将肺鱼连同它的"泥屋"一起烤熟后再吃。据说肺鱼自己构筑的面屋因为充分渗入了肺鱼的黏液，故而味道十分鲜美。

千百年来，肺鱼靠构筑泥屋成功地熬过了残酷的旱季，但它们想不明白，为什么没有逃脱被土著人吃掉的命运。其实，正是这种一成不变的成功模式让它们断送了自己的性命。

76. 比追求更重要

好久没见的朋友忽然打电话来说要请客吃饭，我很纳闷地问她是个什么缘由？她笑道："想聚一聚非要一个理由吗？如果要，我就告诉你一个，即我们家置换了几件旧家具，我觉得有种幸福感，可以吗？"

这样的理由让人无法拒绝。席间谈笑中我和她说起我看到的一篇令人啼笑皆非的文章，大意是分析在今天一个家庭需要多少的月收入才能够得着幸福。以该文作者的眼光推断大约得在八千左右。一时举座大笑，有人说，如按这个标准我们别说幸福了，连痛苦都差着档次呢。

朋友是个商场的营业员，她爱人是个出租车司机，两口子有个上小学的孩子，一家三口住着很早期的小区的一室一厅。月收入我没有打听，估计距离那个幸福的标准应该还有些距离。但这并不妨碍他们一家人的幸福，他们会为看起来很小的事情高兴。

在告别了朋友回家的路上，我忽然觉得自己长期以来可能都陷在一种误导之中，以为幸福是需要追求的，而幸福比追求更需要的也许只是一种感悟。就像朋友今天的幸福，它如此的简单，却无比的真实！

77. 风中的杰奎琳

美色犹如钢印，是独立于官爵和金钱之外的第三种权力。

客居纽约时，主人的书房临时变作我的卧室。四壁琳琅着图片和艺术品。有一幅铅笔速写，是主人的手绘，画的是北京大学的未名湖，线条极幼稚，他是学生画的，于美术并不在行。只是，却总归不能舍弃，那一份痴恋，年代愈远，距离愈遥，便显得愈虔诚，愈顽强。书案正中立着一帧黑白照片，因其色彩的过时，又因其位置的显赫，引起我的注意。那是一位行走中的白人女子，着紧身针织毛衣，牛仔裤，侧脸向镜头凝视，短发被风吹散，蛾眉作惊讶式的上挑，双眼微微露出笑意，朱唇将启未启，似乎还没来得及作出完全反应。

　　这是谁？主人夫妇是我多年的熟人，这肯定不是他们家族的成员。也许是男主人新交的情侣？不可能，就算他入乡随俗，域外风流，也不会如此明目张胆。再说，都什么时代了，大纽约的靓女谁还会拍这种黑白照。从背景看，这是在长街，在熙来攘往的人行道上，女子正兴冲冲地赶路，突然因为什么事掉转头来，秋波斜睨，漾出三分妩媚，二分顽皮，一分迷瞪。

　　是晚，我不管忙着什么，那年轻而洒脱的女子始终盯着我看。我向左，她的目光也迎向左；我向右，她的目光也迎向右；我站立不动，她的目光也就在我鼻尖定格，仿佛说，看你还往哪儿逃；直待熄了灯，钻进被窝，那一头漫空飘扬的乱发，那乱发丛中明亮的双眸，仍然忽悠在眼帘，又忽悠进梦乡。

　　翌晨，我问男主人："这是谁的相片？"

　　"你仔细看看，凭你的阅历，应该猜得出来。"主人一脸兴味。

　　"都猜了一晚了，"我老实承认，"猜不出。"

　　"这是杰奎琳，肯尼迪总统的遗孀，后来嫁给了希腊船王。想起来了吧。记得八十年代末在北京，在你位于马甸桥的家里，我们畅谈古今中外美人，你说美色犹如钢印，是独立于官爵和金钱之外的第三种权力，就是以她作的例。"

　　喔，经他一说，我才恍然大悟，杰奎琳，太熟悉了，太了解了，她应该是白宫女主人中最有风度的一位，曾长期引导美国的时尚潮流。我至少读过她的三本传记，外加数不清的报道。其中，有几个细节，性格鲜明，过目难忘。

细节之一：她四岁时跟奶妈和妹妹一起逛公园，因为贪玩，走着走着就走散了。警察看到她一人在四处乱逛，问她是不是迷了路。她脖子一挺，神气十足地回答："不，不是我迷了路，是奶妈和妹妹跑丢了，您赶快把她们找回来！"

细节之二：玛丽莲·梦露和肯尼迪偷情，她自恃名气冲天，星光逼人，居然直接给杰奎琳打电话，说自己将取替她而成为总统夫人。杰奎琳非但不怒，反而哈哈一乐，说："那太好了！你打算什么时候搬进白宫呀？我这就给你挪窝，今后所有压在第一夫人肩上的重担，就拜托你挑了。"

细节之三：1963 年底，肯尼迪总统在出访途中被刺，倒在杰奎琳的怀里，脑浆和鲜血喷了她一身。一个半小时后，杰奎琳就穿着这身血衣，参加新总统约翰逊的宣誓就任仪式；她在国家的危难时刻，表现出了非凡的自制和惊人的镇定。

"这照片是在哪一年拍的？"我问。

"1971 年。"

这么说，她已经四十出头。看起来依然年轻，往小里说，只像十七八，往大里说，也不过像二十五六。肯尼迪去世，杰奎琳一度陷入痛苦的深渊，为了摆脱美国政坛的纷争，以及肯尼迪家族厄运连绵的阴影，1968 年，她三十九岁，打破美国总统遗孀不再嫁人的习俗，成为六十八岁的希腊船王奥纳西斯的新娘。这是备受攻击的一次婚姻，美国朝野诅咒她是委身于魔鬼，委身于空白支票。对此，杰奎琳不屑一顾，她随心所欲，我行我素，昂首迈步在欲望的峰巅，一任八面来风把她的秀发吹散，旋舞，纷披如乱麻，拂面似蛛网。

　　"这张照片，我是 *1991* 年来美国时，在房东的旧书堆里发现的。"主人细数家珍，"我一下子就喜欢上了它。你看她那勇往直前的神态，你看她那窈窕有致的曲线，多诱人。我给它加了个镜框，搁在桌上。久而久之，它已成了我生活的一部分。它代表一种气息，特清新，特高雅。

　　"事后我弄清了，这女子就是杰奎琳。这是张很著名的照片，关于它的拍摄，有个动人的故事。说的是一个初出茅庐的摄影师，叫盖勒拉。一天，他在纽约中央公园门口转悠，突然发现了杰奎琳，她就是这样一身休闲的打扮，摘了墨镜，素面朝天，旁若无人地穿行在闹市。这可是天上掉下来的好题材，须知，纽约有多少摄影师日夜守候在杰奎琳寓所的周围，等闲也难得一见她的面；更不要说这种质朴明净、活力四射的形象！机不可失，时不再来，盖勒拉叫了一辆出租车，紧随其后。在一处十字路口，赶上了杰奎琳，他放下车窗，按动快门。听得身边'咔嚓'一响，杰奎琳本能地侧过了头，扑闪着双眸，嫣然含笑，就在她还没有明白真相之际，盖勒拉再次按下快门。

　　"这张照片，成了盖勒拉的成名作——如今他在摄影界可是大名鼎鼎——那天他尾随杰奎琳，一直到她的寓所。杰奎琳整天被人跟踪，早已不胜其烦。在台阶上，她扭过头来，强压怒火，冲着盖勒拉说：'你这样做，想必很开心吧？''当然，喔，谢谢！谢谢！'盖勒拉不失礼貌地回答。他成功了，他抓住了稍纵即逝的机遇，自然激动万分。盖勒拉飞快返回家，躲进暗房，把胶卷冲洗出来。不用说，他最满意的，就是这一张了。照片犹如文章，需要一个画龙点睛、引人遐想的名字，盖勒拉琢磨了很久，最后定为'风中的杰奎琳'。"

78. 谁是最富有的

下雨了，三个乞丐从不同的方向来到同一棵树下。为争一片干燥的地皮，相互打了起来。由于各不相让，谁都没占到那块不漏雨的地方。雨越下越大，最后他们达成协议，谁最富，谁坐在那片最浓密的树荫下。

第一个乞丐拿出一只大海碗，自豪地说：

"我有十二只碗，我每天换一只。心情好时，我用一只好碗，心情坏时，我用一只坏碗，并且在东城区我用一只蓝花碗，在西城区我用一只黑花碗，在南城区我用一只青花碗，在北城区我用一只金边搪瓷碗。我每天都用不同的碗吃饭，难道我不富有吗？"

第二个乞丐对第一个乞丐的表白不屑一顾，"嘭"的一声，他放下背上扛着的一卷草席，说：

"这算什么富有？我才是真正的富人。我有十二张草席，我每晚想铺几张就铺几张，并且在南天桥的窑洞里有一张，在北天桥的窑洞里有一张。当然了，在东天桥、西天桥也都有我的草席。晚上我想到哪儿睡就到哪儿睡，我就这样随心所欲，难道不像富人吗？"

第三个乞丐腿有点瘸，他颤巍巍地挪了一下屁股，说：

"我不像你们那样富有，到现在为止，我只有一只拐杖。但我的腿断了一条，就是这条断腿让我赢得了所有好心人的怜悯。你们说说，普天之下，乞丐最大的财富不是怜悯与同情吗？"

他话音未落，一个打着伞的老妇人从这儿经过，很怜悯地在他的断腿旁丢了一枚硬币。其他两位乞丐面面相觑，最后，断了腿的乞丐坐在了最浓密的树荫下。

79. 最大的财富

一青年老是埋怨自己时运不济发不了财，终日愁眉不展。这天来了一个须发俱白的老人，问："年轻人你干嘛不高兴？""我不明白，为什么我总是那么穷。"

"穷？你很富有嘛。"老人由衷地说。

"这从何说起？"年轻人问。老人不正面回答，反问道："假如今天斩掉你一个手指头，给你一千元，你干不干？"

"不干。"

"斩掉你一只手，给你一万元，你干不干？"

"不干。"

"让你马上变成八十岁的老人，给你一百万，干不干"

"不干"。

"让你马上死掉，给你一千万，干不干？"

"不干。"

"这就对了。你已经有了超过一千万的财富了，为什么还感叹自己贫穷呢？"老人笑吟吟地问。

青年愕然无言，一副若有所思的样子。

80. 钱是怎么来的

在讲这个故事之前，父亲问了我这样一个问题：钱是怎么来的？我的回答父亲总是不满意。父亲说，还是先听故事吧。

说的是一个小孩子，他有个坏毛病，那就是好吃懒做。孩子的父亲时时刻刻都指望他能改掉这个不良习惯。然而那个孩子一点也没有改正自己缺点的意思。

父亲不得不随时随地提防自己的孩子，担心他会把家里的钱或值钱的东西偷到外面去换吃的，这位父亲觉得自己每天都活得很累很辛苦。不过说来也怪，孩子虽说好吃懒做，却从没偷过家里的钱，也没有听说过他在外面偷过左邻右舍的东西。他弄钱的办法完全是一种正当的手段。比如说你给他钱买酒，他会少买一点酒，然后把剩余的钱一古脑儿买了吃的。无论是买油盐还是买酱醋，他总会用相同的办法省出钱来满足他那张不争气的嘴……

为了使孩子的懒惰的习性不再滋长，父亲决定给孩子一些力所能及的事做，包括一个原则：少给钱多办事。尽管如此，孩子依然我行我素，把父亲的话当作耳旁风。

有一回，父亲一气之下扔了一分钱给孩子，让他去买油。父亲心想，我看你会把钱掰成两半一半买油一半买吃的不成？

孩子到了店里，售货员给他装满了油，把瓶子递给他，手却不缩回去。孩子知道售货员要的是钱，就装模作样地在自己浑身摸了一遍，然后苦着脸告诉售货员说钱掉了。售货员无奈，只好把瓶子里的油倒出来，把空瓶子给孩子。

孩子嘴里呷着一粒糖，双手抱着那个油瓶子，兴致勃勃地回到家里。一进门，父亲劈头就问，油呢？

孩子举了举瓶子。

瓶子壁上附的油正慢慢流回瓶底里，差不多有一小勺。

父亲大怒，这点怎么能吃？

孩子说，一分钱只能买到这么多。

我的父亲就这样结束了他的故事，但他那期盼的目光始终在我身上流连。我想了想，说道，这个孩子身上有生意人最完美的素质，但也有生意人最致命的弱点。

父亲赞许地点了点头，然后自言自语地说道，其实钱就是这么来的，也是这么走的。

81. 五枚金币

有个叫阿巴格的人生活在内蒙古草原上。有一次，年少的阿巴格和他爸爸在草原上迷了路，阿巴格又累又怕，到最后快走不动了。爸爸就从兜里掏出 5 枚硬币，把一枚硬币埋在草地里，把其余 4 枚放在阿巴格的手上，说："人生有 5 枚金币，童年、少年、青年、中年、老年各有一枚，你现在才用了一枚，就是埋在草地里的那一枚，你不能把 5 枚都扔在草原里，你要一点点地用，每一次都用出不同来，这样才不枉人生一世。今天我们一定要走出草原，你将来也一定要走出草原。世界很大，人活着，就要多走些地方，多看看，不要让你的金币没有用就扔掉。"在父亲的鼓励下，那天阿巴格走出了草原。长大后，阿巴格离开了家乡，成了一名优秀的船长。

82. 金钱是什么

拍卖会上，有 10 栋面积相同、结构一样的别墅竟拍出 18 种价格，最高的 98 万元，最低的 48 万元。那栋卖到 98 万元的，是因为窗前可以看到波光粼粼的湖……一个窗景值到 50 万！

花 50 万买下一个窗景，这个举动对大多数人来说，也许是望尘莫及的。所以人们把有钱人称为"成功"人士。或者说，有钱是构成"成功"这个概念的要素。

于是，市面上大大小小的以"帮你挣到钱"为幌子的"培训公司"应运而生，他们通过赚取穷苦人的钱而使自己变成了"成功"人士——有钱人。受训者愁眉苦脸但又兴致勃勃地交了钱进去，出来的时候还是愁眉苦脸，可能还多了一份疑惑和自卑。原因在哪里呢？我曾经调查过一个培训公司，其中有一个课程是，让一位受训者在白纸（必须是白纸）上写下自己的"梦想"，要求是，越具体越不着边际越好，这样将越有利于"成功"。举例说，如果写："我想要一套房子"，"我要周游世界"，是远远不够的。"我想要一套房子"你必须想像出这套房子的具体模样，比如，是一栋白色的私家别墅，透过落地窗向外眺望，碧蓝的海水舔着金黄色的沙滩……周游世界的说法也是笼统的，应交代具体的去向，第一站是哪里？比如英国哪个城市？伦敦还是爱丁堡……据说几乎没有人可以顺利通过这种"激发梦想"的测试。因为这之前他们从未想过这些，更不知应该怎样"具体"化。于是培训人员又换了一种方式，出了一道题供大家讨论："假如现在给你 1 万块钱，规定必须在一天里花完，你将怎样打算？"

甲说，这很简单，而且根本就不需要一天这么长时间。我每天路过一家皮草行，有件貂皮大衣令我非常着迷，我甚至试穿过，效果好极了。

乙说，花上万块钱买件貂皮大衣有什么好，一年里能穿几回？就算整个冬天下着雪，你总不至于穿着它天天挤公车吧！这 1 万块钱可以买几十套四季服装呢，天天翻花样多好！

丙一直沉默不语。在培训者的不断启发下，丙终于说，打算去锦江乐园玩一天。话刚出口，便引起哄堂大笑，1 万块钱可以坐上千回过山车呢！

最后，培训人员总结说，你们之所以没有成为"成功"人士，症结就在于缺乏梦想，或者是想要实现梦想的愿望不够强烈，因为梦想是挣钱的动力。这时候有人提出："我梦想拥有一套三居室的房子，天天都想，想得都快要发疯了。你能不能教我接下来如何去挣钱呢？"一培训人员笑眯眯地看着这个人说："恭喜你，现在你已经有了挣钱的动力，去干吧！"

这个人还是一头雾水。

有一位豪宅的主人，30多岁，从来没有出去工作过。他爷爷当年是协和医学院的高才生，毕业后又去奥地利、英国、美国等十几个国家进修深造。新中国成立那年，这位留洋医学博士回国自己开诊所。他留下的这座豪宅，法式镂花大铁门内，花园占地1500平方米，住房面积455平方米。另有两层楼独立式门房，供守门人工作休息及起居用。整幢房子光是卧室就有7个。专用车库1个，约26平方米，一设有轨道式铁滑门。半个世纪过去了，这幢房子的第一代主人已经作故。眼前这位继承者是长房长孙，靠祖父留下来的财产过着衣食无忧的生活。但是看起来他一点也不开心，整天呆在家里，没有朋友，也不想结婚。实在无聊了，就和他的母亲拌拌嘴。回忆他爷爷当年的情景时他说，他爷爷从来没有提过自己要怎样赚钱，除了治病，就是看书、写书。

大哲理：不是拥有了财富就拥有了快乐，快乐重在追求心中目标的过程。

从另一边看，一个活泼好动的小女孩，在滑雪中不幸摔折了腿，住进了医院。她躺在病床上不能动弹，苦不堪言，度日如年，整日以泪洗面。与她同病房、靠近窗口的是位慈祥的老太太，她的伤已快痊愈了，每天能坐起来，痴迷地观赏窗外的景色。小女孩多想看看窗外的世界呀！可她的腿上着夹板做着牵引，不能坐起来，病床又不靠窗，自然无法观赏窗外的景色。每当老太太推窗观景时，小女孩羡慕极了，情不自禁地问："您看见什么了？能不能说给我听听?"老太太爽快答应："行，行!"于是，老太太每天给她细细描述窗外的景色和发生的事。小女孩边听，边想象着这幅雪中美景，不由得心旷神怡，心中那份郁闷寂寞顷刻化为乌有。一个月后，老太太出院了。小女孩迫不及待地恳求医生把她调到靠窗的病床。她挣扎着欠起身，伸长脖子，朝窗外一望，惊呆了：窗外竟是一堵黑墙！但小女孩豁然开朗：是老太太给她推开了一扇心窗！每当她遇到挫折悲伤时，就会想起这位可敬的老太太，想起老太太给她描述窗外的美景……

83. 收获

在美国费城，发生了这样一件事。

那是一个阴霾满天的午后，倾盆大雨瞬间落下，行人纷纷就近跑到店铺里躲雨。一位浑身湿淋淋的老妇人，蹒跚地走进了费城百货公司。许多售货员看着她狼狈的样子，简朴的衣裙，都漠然地视而不见。这时，一个叫菲利的年轻人走过来，诚恳地对老妇人说："夫人，我能为您做点什么吗？"她莞尔一笑："不用了，我在这儿躲会儿雨，马上就走。"

老妇人随即又不安起来，不买人家的东西，却在人家的屋檐下躲雨。她在百货公司转起来，想哪怕买件头发上的小饰物呢，也算是个光明正大的躲雨理由。

正当老妇人神色迷茫的时候，菲利又走过来说："夫人，您不必为难，我给您搬了一把椅子放在门口，您坐着休息就是了。"

两个小时后，雨过天晴，老妇人向菲利道过谢，要了他一张名片，然后颤巍巍地走进了雨后的彩虹里。

几个月后，这家百货公司的总经理詹姆斯收到一封信。原来，这封信就是那位老妇人写的，她竟是当时美国亿万富翁"钢铁大王"卡内基的母亲。信中要求将菲利派往苏格兰，去收取装潢一整座城堡的订单，还让他承包下一季办公用品的采购，采购单都是卡内基家庭所属的几家大公司。詹姆斯震惊不已，匆匆一算，只这一封信带来的利益，就相当于百货公司两年利润的总和。詹姆斯马上把菲利推荐到公司董事会上，当他打起行装飞往苏格兰时，这位22岁的年轻人已经是这家百货公司的合伙人了。

在随后的几年里，菲利以自己一贯的踏实和诚恳，成了卡内基的左膀右臂。菲利功成名就，向全国近 100 所图书馆捐赠了 800 万美元的图书，用知识帮助更多的年轻人走向成功。

84. 推销大师

一位著名的推销大师，在一生中取得了辉煌的成就，世人皆知。因为年龄大了，他即将告别自己的职业生涯，应人们的邀请，他答应作一场演说。

这天，会场上座无虚席，人们静静地坐在那焦急而又热切地等待着。大幕徐徐拉开，舞台的正中央吊着一个巨大的铁球。为了这个铁球，台上搭起了高大的铁架。一位老者在热烈的掌声中，走了出来，站在铁架的一边。他穿着一件红色的运动服，脚下是一双白色胶鞋。

人们惊奇地望着他，不知道他要做出什么举动。两位工作人员抬着一个大铁锤，放在老者的面前。主持人邀请两位身体强壮的听众到台上来，推销大师请他们用大铁锤去敲打那个吊着的铁球，直到把它荡起来。

年轻人奋力抡起大锤奋力向那吊着的铁球砸去，一声震耳的响声后，吊球动也没动。他用大铁锤接二连三地砸向吊球，很快他就气喘吁吁，还是未能将铁球打动。

会场寂静无声，这时，推销大师从上衣口袋里掏出一个小锤，然后开始认真地面对着那个巨大的铁球敲打。他用小锤对着铁球"咚"地敲了一下，然后停顿一下，再用小锤敲一下。

人们奇怪地看着，老人就那样"咚"地敲一下，然后停顿一下，就这样持续地做。

10 分钟过去了，20 分钟过去了，30 分钟过去了，会场早已开始骚动，人们用各种声音和动作发泄着自己的不满。老人仍然一小锤一停地敲着，仿佛根本没有看见人们的反应。许多人愤然离去，会场上到处是空着的座位。

40分钟后，坐在前排的人突然叫道："球动了！"

霎时间，会场又变得鸦雀无声，人们聚精会神地看着那个铁球。那个球以很小的幅度摆动了起来，不仔细看很难察觉。大师仍旧一小锤一小锤地敲着，人们默默地听着那小锤敲打吊球的声响。

吊球在大师一锤一锤地敲打中越荡越高，它拉动着那个铁架子"哐哐"作响，它的巨大威力强烈地震撼着在场的每一个人。年轻人用大锤也没有打动的铁球，在大师小锤地敲打中却剧烈地摆荡起来。终于，场上爆发出一阵阵热烈的掌声。

最后，大师开口了，他只说了一句话：在成功的道路上，你没有耐心去等待成功的到来，那么，你只能面对失败。

85. 怎样成功

吴士宏曾是IBM（中国）公司的总经理。吴士宏现在已经成功了，但她原先只是一个护士，那她又是怎样进IBM公司的呢？

在多年以前，吴士宏还是一个护士。1985年，她决定要到IBM去应聘。当时，IBM的招聘地点在长城饭店，这是一个五星级的饭店——那个时候的五星级饭店可不像今天这样没有"地位"。试想，当年的吴士宏，一个连温饱都还没有完全解决的护士，来到长城饭店这样的五星级饭店门口，心情怎么样？

她回忆说，在长城饭店门口，自己足足徘徊了五分钟，呆呆地看着那些各种肤色的人如何从容地迈上台阶，如何一点也不生疏地走进门去，就这样简简单单地进入另一个世界。她之所以徘徊了五分钟不敢进去，就是因为她的内心深处无法丈量自己与这道门之间距离。

经过一番思考，她最后还是进去了，否则就没有今天的吴士宏了。她是怎样突破这个障碍的呢？她就是凭着一台收音机，花一年半时间学完了许国璋英语三年的课程，就是凭着这个经历，自己也应该进去，不就是为了这一天吗？

她鼓足了勇气，迈着稳健的步伐，穿过威严的旋转门和内心的召唤，走进了世界最大的信息产业公司 IBM 公司的北京办事处。她的确是个人才，顺利地通过了两轮笔试和一轮口试，最后到了主考官面前，眼看就要大功告成了。

俗话说：阎王好见，小鬼难缠。现在已经见到了阎王，她好像什么也不怕了。

主考官没有提什么难的问题，只是随口问："你会不会打字？"

她本来不会打字但是本能告诉她，到了这个地步，还有什么不会呢？

她点点头，只说了一个字："会！"

"一分钟可以打多少个字？"

"您的要求是多少？"

"每分钟 120 字。"

她不经意的环视了一下四周，考场里没有发现一台打字机，马上就回答："没问题！"

主考官说："好，下次录取时再加测打字！"

她就这样过五关斩六将，顺利地通过了主考官的眼睛。

实际上，吴士宏从来没有摸过打字机。面试结束，她就飞快地跑去找一个朋友借 170 元钱买了一台打字机，就这样没日没夜地练习一个星期，居然达到专业打字员的水平。

她被录取了，IBM 公司"忘记"考她的打字水平了，可是这 170 元钱，她好几个月才还清。

她成了这家世界著名企业的一名普通员工，可是她扮演的不是白领，而是一位卑微的角色，主要工作是泡茶倒水，打扫卫生，用她自己的话说，"完全是脑袋以下的肢体劳动"。她为此感到很自卑，她把可以触摸传真机作为一种奢望，她所感到的安慰就是自己能够在一个可以解决温饱问题而又安全的地方做事。

可是作为一位服务人员，这种心理平衡很快就被打破了。

一天，吴士宏推着平板车买办公用品回来，门卫把她拦在大门口，故意要检查外企工作证。她没有外企工作证，于是在大门口僵持了起来，进进出出的人就像看大街上耍猴的那样，个个都投来一种异样的目光。作为一位女性，她的内心充满了屈辱，充满了无奈，可是她知道这份工作得到不容易，没有发泄出来，可是她内心咬着牙齿在说："我不能这样下去！"

这是第一件事情，还有一件事情在她的内心深处留下很深的印象：

有个女职员，香港的，资格很老，动不动就喜欢指使人给她办事，吴士宏就是她的主要指使对象。

一天，这位女士叫着吴士宏的英语名字说："Juliet，如果你想喝咖啡就请告诉我！"

吴士宏丈二和尚——摸不着头，不知这位自以为是的女人说什么。

这位女士说："如果你喝我的咖啡，每次都请你把杯子的盖子盖好！"

吴士宏本来是一个很会忍气吞声的人，这次女性的温柔全都不见了，因为她认为那女人把自己当成偷喝咖啡的小毛贼，是一种人格上的侮辱。她顿时浑身战栗，就像一头愤怒的狮子，把埋在内心的满腔怒火全部发泄了出来……

吴士宏想：有朝一日，我要去管公司里的任何一个人，不管他是外国人还是香港人！

于是吴士宏每天除了工作时间就是学习，就是寻找着自己的最佳出路。

最终，与她一起进 IBM 的，她第一个做了业务代表；她第一批成为本土的经理；她成为第一批赴美国本部进行战略研究的人；她第一个成为 IBM 华南地区总经理——也就是人们常说的"南天王"……

大概这些都没有多大意思，吴士宏还登上了 IBM（中国）公司总经理的宝座。

吴士宏为什么成功，我们不知道；我们只知道她从来没有真正害怕过什么东西，即使不会的东西也是这样。

86. 不能半途而废

一位熨衣工人住在拖车房屋中，周薪只 60 元。他的妻子上夜班，不过即使夫妻俩都工作，赚到的也只能勉强糊口。他们的婴儿耳朵发炎，他们只好连电话也拆掉，省下钱去买抗生素治病。

这位工人希望成为作家，夜间和周末都不停地写作，打字机的劈啪声不绝于耳。他的余钱全部用来付邮费，寄原稿给出版商和经纪人。

他的作品全给退回了。退稿信很简短，非常公式化，他甚至不敢确定出版商和经纪人究竟有没有真的看过他的作品。

一天，他读到一部小说，令他记起了自己的某本作品，他把作品的原稿寄给那部小说的出版商，他们把原稿交给了皮尔·汤姆森。

几个星期后，他收到汤姆森的一封热诚亲切的回信，说原稿的瑕疵太多。不过汤姆森的确相信他有成为作家的希望，并鼓励他再试试看。

在此后 *18* 个月里，他再给编辑寄去两份原稿，但都退还了。他开始试写第四部小说，不过由于生活逼人，经济上左支右绌，他开始放弃希望。

一天夜里，他把原稿扔进垃圾桶。第二天，他妻子把它捡回来。"你不应该中途而废，"她告诉他，"特别在你快要成功的时候。"

他瞪着那些稿纸发愣。

也许他已不再相信自己，但他妻子却相信他会成功，一位他从未见过面的纽约编辑也相信他会成功。因此每天他都写 *1500* 字。

他写完了以后，把小说寄给汤姆森，不过他以为这次又准会失败。

可是他错了。

汤姆森的出版公司预付了 *2500* 美元给他，史蒂芬·金的经典恐怖小说《嘉莉》于是诞生了。这本小说后来销售了 *500* 万册，并摄制成电影，成为 *1976* 年最卖座的电影之一。

87. 把事情交给专业人士去做

加州是一个治安很好的地方，我却非常不幸地在那里遭遇过一次抢劫。

那天，我和朋友佛利在一个市场里买小饰品。忽然，一个黑人猛地撞了我一下，抢过我的包跑了。我奋力追了上去。

我一边追一边向前面的路人们呼喊帮助，帮我拦住他。路人们很快就明白了我的意思，但他们却一个个都闪开身来，给劫匪让开了一条路，任劫匪逃窜而去，然后纷纷掏出电话。我心里一阵痛心：这么多的路人，居然都是胆小鬼，居然没有一个人敢站出来拔刀相助。

154

　　我极不甘心地继续往前追，我觉得凭我的速度应该可以追上那个可恶的劫匪。我的身后佛利也追了上来。追过了好几条街之后，我依旧紧紧地咬着劫匪不放。那劫匪似乎也越来越紧张，一边跑一边不住地回头望。就在这时，他一个不小心，重重地摔倒在地上。我心中一阵狂喜，心想这下我可以收拾你了。我在心中早已暗自估量过，凭我高大的身材是足以对付瘦小的劫匪的。

　　可就在我要冲上去抓劫匪的时候，我忽然被一个人死死地扯住了，险些将我扯倒。我回头一看，原来是佛利。我想来得正好，一起来收拾劫匪。没想到佛利却顺势抱住我，说道："我终于追上你了!"

　　我一阵惊讶，我说："快放开我，我要去抓劫匪呀!"

　　佛利死死地抱住我，一脸严肃地说："不用你抓! 大家已经报警了!"

　　我一阵泄气，回头看时，劫匪早已逃之夭夭了!

　　我极为愤怒和不解地责问佛利说："你不帮我抓劫匪也就罢了，为什么要阻拦我去抓劫匪呢?"

　　他笑着解释说："因为抓劫匪不是我们的专长，我们应该将事情交给专业人士去做，比如警察!"

　　面对这美国式的幽默解释，我只是鄙夷地一笑，冷冷地想：胆小也就罢了，居然还找个美丽的托词。

　　警察很快就到了，颇为热情地为我备了案。走出警局，我心中一阵失落，还不知道什么时候能找回我被抢的包呢。回想起路人的淡漠和佛利的怯懦，我的心中隐隐作痛。

　　可就在第二天，警局就来了电话，说劫匪抓获了，要我去领包。

　　我欣喜若狂地来到警局，见到了警长。警长见我是个外国人，便顺口讲起了他们抓劫匪的情况，他说："劫匪是个惯犯，身上带着匕首，曾试图用匕首袭击我们的警员，幸好我们的警员非常警觉，才把他制服了……"我听到这里，心中一阵寒战，心想：幸好昨天佛利拉住了我，如果以昨天那般粗心大意去抓那个连警察都敢反抗的劫匪，现在可能就生死难卜了。

88. 青蛙吃黄牛

有只青蛙在地上拾到一根牛毛，它便把牛毛衔在嘴边，到处吹嘘说："我今早吞了一只大黄牛。"

许多动物听了都十分惊愕，都不相信。麻雀便摇头说："青蛙，你就别瞎吹了，你都没有牛蹄那么大，怎能吞下一头牛呢？"

青蛙挺起身来，摸摸肚皮，神气地说："哼，不相信吗，你看我嘴里还留着一根牛毛呢！"

此时，迎面刚好有头黄牛走来。

麻雀便向青蛙提出挑战："是真是假，现在就可以马上试验，你再将这头黄牛吞下去吧！"

青蛙连忙摇手道："不，不，今早才吞下一头，肚子还胀着呢，待明天饿了，我一定将这头黄牛吞下去！"

这时，黄牛踏着走过，牛蹄朝青蛙身上踏去。幸好，青蛙发觉了解，赶紧跳开，否则就会被黄牛给踩死了。

青蛙吓得脸色苍白，赶忙跑开。这时在树上的麻雀大声笑道："青蛙，且慢跑开，还有几根毛你忘了拿吧！"

89. 继承权

两个儿子大了，一个富翁老了。

这些日子富翁一直在苦苦思索，到底让哪个儿子继承遗产？富翁百思不得其解。

想起自己白手起家的青年时代，他忽然灵机一动，找到了考验他们的好办法。

他锁上宅门，把两个儿子带到一百里外的一座城市里，然后给他们出了个难题，谁答得好，就让谁继承遗产。

他交给他们一人一串钥匙、一匹快马，看他们谁先回到家，并把宅门打开。

马跑得飞快，所以兄弟两个几乎是同时回到家的。

但是面对紧锁的大门，两个人都犯愁了。

哥哥左试右试，苦于无法从那一大串钥匙中找到最合适的那把；弟弟呢，则苦于没有钥匙，因为他刚才光顾了赶路，钥匙不知什么时候掉在了路上。两个人急得满头大汗。

突然，弟弟一拍脑门，有了办法，他找来一块石头，几下子就把锁砸了，他顺利进去了。

自然，继承权落在了弟弟手里。

90. 你不富有

一个富翁被天使拦在了天堂大门外面："这里只让富有者进。"

听到此话，富翁哑然失笑："我有的是钱，来这里的人十有八九都没我富！"

他说着就放下身上背着的钱袋，倒出一大堆金币："这些只是我全部财产的一小部分，我实际拥有的比这多得多，拥有这么多钱的人还不算富有吗？"

天使摇了摇头："当然不能。"

"为什么？"富翁迷惑地问。

"你不富有，你只不过比别人多了一些钱而已。"

天使说着，一面把一个衣衫褴褛的乞丐放进了天堂大门。

91. 乞丐与富翁

一个乞丐跪在路边向路人叩头。

看他实在可怜，人们纷纷施舍。

冬日最冷的一天，寒风刺骨，滴水成冰，人们都躲在屋子里不愿出来。

足足等了半天，乞丐一分钱也没能要上。

他跪在地上，眼巴巴地看着前面，期待好心人出现。

正在这时，一个风度翩翩的先生走了过来，他大概四五十岁的样子。

凭着一种职业敏感，乞丐猜测这一定是个有钱的好人，于是他叩头的速度更快，叫声也更加凄楚："好心的先生，给点钱吧，给点钱吧！"

他哀切的乞求声引起了那位先生的注意，他停下了脚步。

"站起来吧，对跪着要钱的人，我向来是分文不给的。"

一般的路人不给就不给，连一句话都不说。

像是施了魔法一般，乞丐站了起来，他不知道自己站了起来是因为想要到钱，还是因为别的。

他伸出手去，但那位先生还是丝毫没有给钱的意思。

"知道我为什么不给你钱吗？"

"不知道！"

乞丐摇了摇头。

"因为第一，任何人不欠你的钱，他没有义务给你钱；第二，你年轻力壮，应该自食其力，不应该向人要钱；第三，就算要钱，也应该是不卑不亢的，可你却跪着要钱，为了几文小钱就给人下跪叩头，你也太自轻自贱了，你自己不把自己当人，怎么指望别人把你

158

当人呢?"

"不给就不给,说那么多干嘛?"

乞丐有些不耐烦了。

"我不给你钱,我也不给任何人钱。但是我可以把钱借给你,你可以用这笔钱做些小生意,等以后条件好了你再还给我。"

那位先生把钱和名片一起递了过来:"我相信你一定能凭着自己的劳动挣上你应该挣到的钱。"乞丐的眼睛眨巴了半天,终于,两行热泪从他脸上滑了下来,自从在街头行乞以来,还一直没有人这样对他说过话,人们对他除了辱骂就是嘲笑,这样推心置腹的交谈还是第一次。

一个"借"字使他恢复了自尊,感到了信任。

他从自暴自弃中走了出来,从别人的怜悯中走了出来。

他用那位先生借给他的一笔钱做起了生意。

几年以后,他成了一名成功的商人。

他按那位先生留下的名片去还钱,出来开门的是那位先生的儿子。

那位好心的先生已经在半年前去世了。

通过交谈,他才得知,那位先生以前也曾经是一个乞丐,多亏一位好心先生的帮助,才开始了新的生活……

92．心中的亿万富翁

这座城市里生活着一个白手起家的亿万富翁,他拥有的财富不计其数。

人们都非常奇怪,他如何会在那么短的时间里获得那么多的财富?他一天中赚的钱,为什么竟比绝大多数人一辈子赚的都多?

富翁说:"其实每个人心里都囚禁着一个亿万富翁,就看你怎么样把他救出来。"

这个富翁说得不错，每个人心里都囚禁着一个亿万富翁，心中有一个亿万富翁，我们却仍然过着庸庸碌碌的生活，这是为什么呢？

93. 富翁的旅行

从前有一位富翁，名字叫白正。白正虽然非常有钱，却常常自怜，他可怜自己空有钱财，却从来没有体会过真正的快乐。

白正常常想："我有很多钱，可以买到许多东西，为什么却买不到快乐呢？如果有一天我突然死了，留下一大堆钱又有什么用呢？不如把所有的钱拿来买快乐，如果能买到一次全然的快乐，我死也无憾了。"

于是，白正变卖了大部分家产，换成一小袋钻石，放在一个特制的锦囊中。他想："如果有人能给我一次纯粹的全然的快乐，即使是一刹那，我也要把钻石送给他。"

白正开始旅行，到处询问："哪里可以买到全然的快乐的秘方呢？什么才是人间纯粹的快乐呢？"

他的询问总是得不到令他满意的解答，因为人们的答案总是庸俗而相似的：

你如果有很多的金钱，就会快乐；

你如果有很大的权势，就会快乐；

你如果拥有得越多，就会快乐。

因为白正早就有了这些东西，却没有快乐，这使他更疑惑："难道这个世界没全然的快乐吗？"

有一天，白正听说在偏远的山村里有一位智者，无所不知，无所不通。

他就跑进村找那位智者，智者正坐在一棵大树下闭目养神。

160

白正问智者："智者！人们都说你是无所不知的，请问在哪里可以买到全然的快乐的秘方呢？"

"你为什么要买全然的快乐的秘方呢？"智者问道。

白正说："因为我很有钱，可是很不快乐，这一生从未经历过全然的快乐，如果有人能让我体验一次，即使只是一刹那，我愿意把全部的财产送给他。"

智者说："我这里就有全然快乐的秘方，但是价格很昂贵，你准备了多少钱，可以让我看看吗？"

白正把怀里装满钻石的锦囊拿给智者，没有想到智者连看也不看，一把抓住锦囊，跳起来，就跑掉了。

白正大吃一惊，过了好一会儿才回过神来，大叫："抢劫了！救命呀！"可是在偏僻的山村根本没人听见，他只好死命地追赶智者。

他跑了很远的路，跑得满头大汗、全身发热，也没有发现智者的踪影，他绝望地跪倒在山崖边的大树下痛哭。没有想到费尽千辛万苦，花了几年的时间，不但没有买到快乐的秘方，大部分的钱财又被抢走了。

白正哭到声嘶力竭，站起来的时候，突然发现被抢走的锦囊就挂在大树的枝丫上。他取下锦囊，发现钻石都还在。一瞬间，一股难以言喻的、纯粹的、全然的快乐充满他的全身。

正当他陶醉在全然的快乐中的时候，躲在大树后面的智者走了出来，问他："你刚刚说，如果有人能让我体验一次全然的快乐，即使只是一刹那，你愿意送给他所有的财产，是真的吗？"

白正说："是真的！"

"刚刚你从树上拿回锦囊时，是不是体验了全然的快乐呢？"智者又问。

"是呀！我刚刚体验了全然的快乐。"

智者说："好了，现在你可以给我所有的财产了。"

智者一边说一边从白正手中取过锦囊，扬长而去。

94．为自己的拥有而开怀

某欧洲国家一位著名的女高音歌唱家，芳龄仅仅三十多岁就已经红得发紫，誉满全球，而且郎君如意，家庭美满。

一次她到邻国来开独唱音乐会，入场券早在一年以前就被抢购一空，当晚的演出也受到极为热烈的欢迎。演出结束之后，歌唱家和丈夫、儿子从剧场里走出来的时候，一下子被早已等在那里的观众团团围住。人们七嘴八舌地与歌唱家攀谈着，其中不乏赞美和羡慕之词。

有的人恭维歌唱家大学刚刚毕业就开始走红进入了国家级的歌剧院，成为扮演主要角色的演员；有的人恭维歌唱家有个腰缠万贯的某大公司老板作丈夫，而膝下又有个活泼可爱、脸上总带着微笑的小男孩……

在人们议论的时候，歌唱家只是在听，并没有表示什么。等人们把话说完以后，才缓缓地说："我首先要谢谢大家对我和我的家人的赞美，我希望在这些方面能够和你们共享快乐。但是，你们看到的只是一个方面，还有另外的一个方面没有看到。那就是你们夸奖活泼可爱、脸上总带着微笑的这个小男孩，不幸是一个不会说话的哑巴，而且，在我的家里他还有一个姐姐，是需要长年关在装有铁窗房间里的精神分裂症患者。"

歌唱家的一席话使人们震惊得说不出话来，你看看我，我看看你，似乎是很难接受这样的事实。

这时，歌唱家又心平气和地对人们说："这一切说明什么呢？恐怕只能说明一个道理：那就是上帝给谁的都不会太多。"

95. 生命银行

四个二十岁的青年去银行贷款。

银行答应借给他们每人一笔巨款，条件是他们必须在五十年内还清本利。

第一个青年想先玩二十五年，用生命的最后二十五年努力工作偿还，结果他活到七十岁都一事无成，死去时仍然负债累累。他的名字叫"懒惰"。

第二个青年用前二十五年拼命工作，五十岁时他还清了所有的欠款，但是那一天他却累倒了，不久他死了，他的骨灰盒上挂着一个小牌，上面写着他的名字："狂热"。

第三个青年在七十岁时还清了债务，然后没过几天他去世了，他的死亡通知上写着他的名字："执著"。

第四个青年工作了四十年，六十岁时他还完了所有的债务，生命的最后十年，他成了一个旅行家，地球上的多数国家他都去过了。七十岁死去的时候，他面带微笑。人们至今都记得他的名字叫作"从容"。

当年贷款给他们的那家银行叫"生命银行"。

96. 富豪的女儿

1858 年，瑞典的一个富豪人家生下了一个女儿。然而不久，孩子染患了一种无法解释的瘫痪症，丧失了走路的能力。一次，女孩和家人一起乘船旅行。船长的太太给孩子讲船长有一只天堂鸟，她被这只鸟的描述迷住了，极想亲自看一看。于是保姆把孩子留在甲板上，自己去找船长。孩子耐不住性子等待，她要求船上的服务生

163

立即带她去看天堂鸟。那服务生并不知道她的腿不能走路，而只顾带着她一道去看那只美丽的小鸟。奇迹发生了，孩子因为过度地渴望，竟忘我地拉住服务生的手，慢慢地走了起来。从此，孩子的病便痊愈了。女孩子长大后，又忘我地投入到文学创作中，最后成为第一位荣获诺贝尔文学奖的女性，也就是茜尔玛·拉格萝芙。

97. 思维能倒转吗

对于苍蝇，人们似乎有这样的思维定式：苍蝇——肮脏——消灭。作为四害之一的苍蝇视人们深恶痛绝，我们能否反过来看它呢？

在第一次世界大战期间，医疗条件很差，不少伤兵不仅得不到外科的医疗处理，甚至连最简单的急救包扎和消炎也来不及。几天后，这些伤兵的创口被丝光绿蝇（天津人叫它绿豆蝇）下了卵而且生了蝇蛆，看起来让人恶心。可是，这些伤兵既不发烧，伤口也不腐烂，相反，创口竟逐渐好转且愈合了。这一奇妙的现象让医生困惑了。

于是有人倒转过来思维了。虽然蝇脏，却能不被细菌感染，这正是说明苍蝇有极强的抗菌功能。

在美国华盛顿，一位老人长期卧床，身上长了大面积的褥疮，使用各种抗菌素均无疗效，医院束手无策了。一位当地医生采用"蝇蛆疗法"，先用绿头苍蝇在马肉上产卵成蛆，然后将蝇蛆处理后放养在患者伤口上，结果褥疮腐肉被蛆虫一扫而光，伤口很快愈合了。

用最肮脏的东西完成了最圣洁的"工作"，这不是反向思维又是什么？

庄子曾讲过这样一个故事，有人种葫芦，一下子结了一个大葫芦。葫芦一般是用来盛酒水液体的，由于这只葫芦太大，如装满水肯定会炸裂，倘锯开用它的一半当瓢舀水用又没有那么大的缸。于是庄子这位哲人说话了，你们只知把水装在里面，而不知把水装在它的外面，把它放在河中当船用不是很好吗？

98. 去别处寻找肥肉

一天吃午饭，我端着碗坐在树阴下，发现地上一块骨头爬满了蚂蚁。这些蚂蚁忙得热火朝天不亦乐乎，而骨头却纹丝不动，况且，骨头上也没肉，拖回去干什么？我觉得好笑，也为蚂蚁们的勤奋而感动，于是捡了块肥肉，为便于拖运，还嚼碎了吐在地上，给它们。

但是，这些蚂蚁全神贯注于骨头，根本不知道附近有美味的肥肉。它们上下左右地爬啊、咬啊、拽啊，黑压压一片，眼看着劳动力过剩，就是没有谁往肥肉这边跑一步。

我闲着没事，想看看这些碎肉最终归谁。因为附近的树根、墙角有好几处蚂蚁窝，总会有"人"发现的。

这时，骨头边出现一只神态慌张的蚂蚁，好像是刚刚赶来的。兄弟们忙于拽骨头，没有谁注意它。它围着骨头跑来跑去，想帮一把，但挤不上去。它似乎很生气，甚至向骨头发起冲锋，但仍然被兄弟们挤了下来。

这只蚂蚁终于丧气了，在外围转了几圈，像是在思考什么。接着，它离开兄弟们，向别处走去。一路走走停停，显然是想开辟新的战场。走到墙角处，它一转身，向肥肉这边爬来。

我很兴奋地盯着它，期待它撞上好运！果然，它的触角准确地碰上了肥肉！只见它一愣，然后迅速咬住一颗肉粒，拼命拖！当大部队还在攻打那块没有指望的骨头时，这只单枪匹马的小蚂蚁在别处获得了好运。

99. 黄鹂鸟的启示

　　女儿第一次将男朋友带回家里，父亲在客厅里迎接他们，陪着女儿和男朋友，天南地北地聊着。

　　父亲问女儿的男友："你喜欢打球吗?"

　　男朋友回答："不，我不是很喜欢打球，我大部分的时间都用来看书，听音乐。"

　　父亲继续问："那喜欢赌马吗?"

　　男朋友："不，我不赌博的。"

　　父亲又问："你喜欢看电视上的田径或是球类竞赛吗?"

　　男朋友："不，对于这些有关竞赛性的活动我没什么兴趣。"

　　男朋友离开后女儿问父亲："爸，你觉得这个人怎样?"

　　父亲回答："你和他做朋友我不反对，但如果你想嫁给他，我则是坚决不赞成。"

　　女儿讶异的问："为什么呢?"

　　父亲说："一般人养黄鹂鸟，绝不会将黄鹂鸟关在自家的鸟笼里，主人会带到茶馆，那儿有许多的黄鹂鸟。这只新的鸟儿，在茶馆听到同类此起彼落的鸟鸣声便会不甘示弱，也引吭高歌。这是养鸟人训练黄鹂鸟的诀窍。"

　　女儿问："这和我的男友有什么关系呢?"

　　父亲说："养鸟人刺激黄鹂鸟竞争的天性，来训练黄鹂鸟的展露优美的歌声，若是没有竞争，这只黄鹂鸟可能就终生暗哑了，不能发出任何叫声，主要是因为，没有其他的鸟儿来与他比较。"

　　女儿似有所悟地点点头。

　　父亲继续道："你的这一位男朋友，经过我刚刚与他的一番谈话，发现他既不运动，也不喜欢运动，也不喜欢赌博、球赛，排斥一切所有竞赛性的活动。我认为，像这样子的男人，将来恐怕难以有所成就，所以反对你嫁给他。"

100. 十减一等于几的故事

一个公司招聘员工，经过一层一层的筛选，还剩下三个面试者，他们的业务水平不相上下，从三个人当中挑选一个实在是难以取舍。最后，总经理决定再来一次面试，由他亲自挑选。

面试的问题出乎意料，和业务毫无关系，是一道非常简单的算术题。

"请你们三个回答我一个问题：十减一等于几？"

第一位应试者想了想，最后满脸堆笑地说："您说它等于几，它就等于几；您想让它等于几，它就等于几。"

第二个见第一个回答得这么精明，不甘示弱地说："十减一等于九，就是消费；十减一等于十二，那是经营；十减一等于十五，那是贸易。"

总经理听了，微笑着点点头又摇摇头，他把目光转向第三位应聘者："说说你的答案？"

"十减一就是等于九嘛！"

后来。这个老实人被录用了。

101. 罗斯福家失盗

一次，美国前总统罗斯福家失盗，被偷去了许多东西。一位朋友闻讯后，忙写信安慰他，劝他不必太在意。罗斯福给朋友回信说："亲爱的朋友，谢谢你来信安慰我，我现在很平安。感谢上帝：因为第一，贼偷去的是我的东西，而没有伤害我的生命；第二，贼只偷去我的部分东西，而不是全部；第三，最值得庆幸的是，做贼的是他，而不是我。"对任何人来说，失窃都是件不幸的事，而罗斯福却找出三条感恩的理由。

102．美元的价值

一位父亲下班回家很晚了，又累又烦，他发现 5 岁的儿子站在门口等他。

"我可以问你一个问题吗？"

"什么问题？"

"爸，你一小时能赚多少钱？"

"这与你无关，你为什么要问这个问题？"父亲生气的问。

"我只是想知道，请告诉我，你一小时赚多少钱？"小孩哀求。

"假如你一定要知道的话，我一小时赚 20 美元。""喔。"小孩低下了头，接着又说，"爸，可以借我 10 美元吗？"

父亲发怒了："如果你只是要借钱去买玩具的话，那就给我回房间上床。好好想想为什么你会这么自私。我每天长时间辛苦工作着，没时间和你玩小孩子的游戏。"

小孩安静地回自己房间关上门。

父亲坐下来还在生气。过了一会儿，他平静下来，想着他可能对孩子太凶了，或许孩子真的很想买什么东西，再说他平时很少要过钱。

父亲走进小孩的房间："你睡了吗？孩子。"

"爸，还没，我还醒着。"小孩回答。

"我刚刚可能对你太凶了，"父亲说，"我不该发脾气，这是你要的10美元。"

"爸，谢谢你！"孩子欢叫着从枕头下拿出一些被弄皱的钞票，慢慢的数。

"为什么你已经有钱了还要？"父亲生气的问。

"因为在这之前不够，但我现在足够了。"小孩说，"爸，我现在有20美元了，我可以向你买一个小时的时间吗？明天请早一点回家，我想和你一起吃晚饭。"

103．贪婪的猴子

在阿尔及尔地区的长拜尔有一种猴子，非常喜欢偷食农民的大米。当地的农民根据这些猴子的特性，发明了一种捕捉猴子的巧妙方法。

农民们把一只葫芦型的细颈瓶子固定好，系在大树上，再在瓶子中放入猴子最喜欢的大米，然后就敬候佳音。

到了晚上，猴子来到树下，见到瓶子中的大米十分高兴，就把爪子伸进瓶子去抓大米。这瓶子的妙处就在于猴子的爪子刚刚能够伸进去，等他抓起一把大米时，爪子就怎么也拉不出来了。贪婪的猴子绝不可能放下已经到手的大米，就这样，它的爪子也就一直抽不出来，只好死死的守在瓶子旁边。第二天早晨，农民把它抓住的时候，它依然不会放开爪子，直到把那米放入嘴里。

104. 顺性而为

美国的一位心理学家在露天游泳场做了一个有趣的试验，故意安排不同的人溺水，然后观察跳入水中进行施救人员的反应。

结果耐人寻味。在长达一年的试验中，当白发苍苍的老人滑入水中时，累计有 20 人进行施救；当孩子滑入水中，累计有 32 人进行施救；而当妙龄女子滑入水中时，施救人员的数字上升到 50 人。

心理学家称，这个试验可以证明，人性中有自私的倾向。虽然同样是救人，但他们在跳下水的那一刻，我知道他们心里想些什么。我可以告诉那些美丽的姑娘，她们的溺水与其他人群相对而言，安全性高多了。

这个试验倒让人想起一个发生在身边的故事。一位职工平时十分吝啬，公司里举行募捐什么的他最多出一元钱，即使为本公司员工募捐他也是如此。

但令人奇怪的是，当他和浙北山区的一位贫困学生结成助学对子时，他一次性就拿出了 1000 元钱。

拿出近一个月的工资去捐助学生，这不是他的一贯作风。但如果换一种角度去理解，它就类似于游泳场上妙龄女子落水施救人员多的现象，起作用的是每个人的心中有"基于自己利益"的潜意识倾向，说白了，许多人同时捐助一个人和一个人捐助一个人，当然是后者更有成就感和具有期待回报的可能性。

人是自私的动物，这并不是一件可耻的事情。重要的是，我们如何认识和利用自私，而不是逆"性"而为，以太高的姿态去做一些徒劳而没有实质性效果的事情。

一座城市的郊区有一座水库，每年夏天都吸引了一大批游泳爱好者前去游泳。而水库是城市自来水厂的重要取水源。为了保持水源的清洁卫生，自来水厂在库区树了许多"禁止游泳"的牌子。但效果并不理想，人们照游不误。

后来自来水厂换了所有的禁止类的标语，公告牌上写有："你家用的水来自这里，请保持清洁卫生。"结果，库区中的游泳者就鲜见了。

这与其说是宣传用语的成功，还不如说顺应人性，尊重人性的成功。因为水库中的水与游泳者有了某种密切的利益联系。

105．一支雪茄

悉尼奥运会上曾经举办过一个以"世界传媒和奥运报道"为主题的新闻发布会，在座的有世界各地传媒大亨和记者数百人。

就在新闻发布会进行中，人们发现坐在前排的炙手可热的美国传媒巨头 NBC 副总裁麦卡锡突然蹲下身子，钻到了桌子底下，他好像在寻找什么。大家目瞪口呆，

不知道这位大亨为什么会在大庭广众之下做出如此有损自己形象的事情。

不一会儿，他从桌下钻出来，手中拿着一支雪茄。他扬扬手中的雪茄说："对不起，我到桌下寻找雪茄，因为我的母亲告诉我，应该爱护自己的每一个美分。"

麦卡锡是一个亿万富翁，有难以计数的金钱，他可以挥金如土，可以买到一切可以用钱买到的东西，一支雪茄对于他来说简直微不足道。如果照他的身份，应该不理睬这根掉到地上的雪茄；或是从烟盒里再取一支。但麦卡锡却给了我们第三种令人意料不到的答案。

106. 人生就像吃饭

马克去向一位智者请教一些关于人生的问题。

智者告诉马克："人生其实很简单，就跟吃饭一样，把吃饭的问题搞明白了，也就把所有的问题都搞明白了。"

马克一时没有转过弯儿："人生像吃饭这么简单？"

智者不紧不慢地说："就这么简单，只不过用嘴吃饭人人都无师自通，用心吃饭则有一定难度，即使名师指点也未必有几个能学得会。"

"聪明者为自己吃饭，愚昧者为别人吃饭；聪明者把吃饭当吃饭，愚昧者把吃饭当表演；聪明者在外面吃饭时喜欢从制，愚昧者却喜欢呼朋唤友抢着付账；聪明者吃饭既不点得太多，也不点得太少，他知道适可而止，能吃多少，就点多少，他能估计来自己的肚子；愚昧者则贪多求全、拼命点菜，什么菜贵点什么，什么菜怪点什么，等菜端上来时又忙着给人夹菜，自己却刚动几筷子就放下了。

"他们要么就是高估了自己的胃口，要么就是为了给别人做个'吃相文雅'的姿态；聪明者付账时心安理得，只掏自己的一份；愚昧者结账时心惊肉跳，明明账单上的数字让他心里割肉般疼痛，却还装出面不改色心不跳的英雄气概，宛然他是大家的衣食父母似的；聪明者只为吃饭而来，没有别的动机，他既不想讨好谁，也不会得罪谁；愚昧者却思虑重重，又想拼酒量，又想交朋友，又想拉业务，他本来想获得众人的艳羡，最后却南辕北辙、弄巧成拙，不是招致别人的耻笑，就是引来别人的利用。吃饭本是一种享受，但是到了他这里，却成为一种酷刑。

107. 海湾大桥安全网

心理学家把美国旧金山海湾大桥的修建过程分为两个阶段：（1）无安全网阶段；（2）有安全网阶段。海湾大桥工程刚开始时，建筑公司未采取任何劳动保护措施。高空作业的工人失足跌下，摔死摔伤的事情时有发生。以至于桥下总是聚集着一群失业的穷人，专等有人摔下来后，就赶紧去申请他的空缺。在"无安全网阶段"，海湾大桥工程共夺去了 20 多条生命。工程曾一度因人员伤亡严重而停滞。

后来，建筑公司投资 10 万美元安装了一个巨大的安全网。结果施工效率比以往提高了 1/4。仅仅这 25% 的提速就为公司带来了近百万美元的效益。更奇怪的是安全网装好后，直到大桥竣工也只有 10 个人摔下来过。当然他们都被安全网接住，有惊无险。这张安全网可谓物有所值。

心理学家解释说，在恐惧心理的作用下，人的四肢协调能力下降，平衡感、反应速度和判断力均会减弱。

108. 袋鼠的节约

袋鼠虽名为鼠，但并不像啮齿类动物一样，有终生不断成长的锐利门牙。它们像其他草食动物一般，以臼齿来咀嚼野草。野草对臼齿的损害性很大，所以很多草食性动物在臼齿脱落后，都可以马上再生。

不幸的是，袋鼠的臼齿却无法再生，所以虽然它们左右牙床各有四对臼齿，但平时只使用最前面的一对，等到第一对耗损而自动脱落后，第二对才再向前移，取代第一对。平均一对臼齿约可使用五六年，到了十五至二十岁之间，就只剩下最后一对臼齿，除非不吃东西，否则势必全都耗损。而当这一对臼齿磨尽脱落时，则"事禄已尽"，即使无病无痛，也会死于饥饿。

109. 幸福的诠释

有一个人，他生前善良而且热心助人，所以在他死后，升上天堂，做了天使。

他当了天使后，仍时常到凡间帮助人，希望能感受到幸福的味道。

有一天，他遇见一个农夫，农夫的样子非常烦恼，他向天使诉说："我家的水牛刚死了，没牛帮忙犁田，那我怎能下田工作呢？"

于是天使赐给他一只健壮的水牛，农夫很高兴，天使在他身上感受到幸福的味道。

又有一天，他遇见一个男人，男人非常沮丧，他向天使诉说："我的钱都被骗光了，没有盘缠回乡。"

于是天使送给他银两做路费，男人很高兴，天使在他身上感受到幸福的味道。

又一日，他遇见一个诗人，诗人年青、英俊、有才华而且富有，妻子貌美又温柔，但他却过得不快乐。

天使问他："你不快乐吗？我能帮你吗？"

诗人对天使说："我什么都有，只欠一样东西，你能够给我吗？"

天使回答说："可以。你要什么我都可以给你。"

诗人直直地望着天使："我想要的是幸福。"

174

这下子把天使难倒了，天使想了想，说："我明白了。"

然后把诗人所拥有的都拿走，天使拿走诗人的才华，毁去他的容貌，夺去他的财产，和他妻子的性命，天使做完这些事后，便离去了。

一个月后，天使再回到诗人的身边，他那时饿得半死，衣衫褴褛地在躺在地上挣扎。于是，天使把他的一切还给他，然后，又离去了。

半个月后，天使再去看看诗人。这次，诗人搂着妻子，不住向天使道谢，因为，他得到幸福了。

110. 现在的幸福

从前，有一座圆音寺，每天都有许多人上香拜佛，香火很旺。在圆音寺庙前的横梁上有个蜘蛛结了张网，由于每天都受到香火和虔诚的祭拜的熏陶，蜘蛛便有了佛性。经过了一千多年的修炼，蜘蛛佛性增加了不少。

忽然有一天，佛祖光临了圆音寺，看见这里香火甚旺，十分高兴。离开寺庙的时候，不轻易间地抬头，看见了横梁上的蜘蛛。佛祖停下来，问这只蜘蛛："你我相见总算是有缘，我来问你个问题，看你修炼了这一千多年来，有什么真知灼见。怎么样？"

蜘蛛遇见佛祖很是高兴，连忙答应了。佛祖问到："世间什么才是最珍贵的？"

蜘蛛想了想，回答到："世间最珍贵的还是'得不到'和'已失去'。"

你继续炼吧，一千年后再来回答我的问题。

就这样又过了一千年的光景，蜘蛛依旧在圆音寺的横梁上修炼，它的佛性大增。一日，佛祖又来到寺前，对蜘蛛说道："你可还好，一千年前的那个问题，你可有什么更深的认识吗？"

蜘蛛说："我觉得世间最珍贵的是'得不到'和'已失去'。"

佛祖说："你再好好想想，我会再来找你的。"

又过了一千年，有一天，刮起了大风，风将一滴甘露吹到了蜘蛛网上。蜘蛛望着甘露，见它晶莹透亮，很漂亮，顿生喜爱之意。蜘蛛每天看着甘露很开心，它觉得这是三千年来最开心的几天。突然，又刮起了一阵大风，将甘露吹走了。蜘蛛一下子觉得失去了什么，感到很寂寞和难过。

这时佛祖又来了，问蜘蛛："这一千年，你可好好想过这个问题：世间什么才是最珍贵的？"

蜘蛛想到了甘露，对佛祖说："世间最珍贵的是'得不到'和'已失去'。"

佛祖说："好，既然你有这样的认识，我让你到人间走一遭吧。"

就这样，蜘蛛投胎到了一个官宦家庭，成了一个富家小姐，父母为她取了个名字叫蛛儿。一晃，蛛儿到了十六岁了，已经成了个婀娜多姿的少女，长的十分漂亮，楚楚动人。

这一日，皇上在后花园为新科状元郎甘鹿举行庆功宴。来了许多妙龄少女，包括蛛儿，还有皇帝的小女儿长风公主。状元郎在席间表演诗词歌赋，大献才艺，在场的少女无一不被他折倒。但蛛儿一点也不紧张和吃醋，因为她知道，这是佛祖赐予她的姻缘。

过了些日子，说来很巧，蛛儿陪同母亲上香拜佛的时候，正好甘鹿也陪同母亲而来。上完香拜过佛，二位长者在一边说上了话。蛛儿和甘鹿便来到走廊上聊天，蛛儿很开心，终于可以和喜欢的人在一起了，但是甘鹿并没有表现出对她的喜爱。

蛛儿对甘鹿说："你难道不曾记得十六年前，圆音寺的蜘蛛网上的事情了吗？"

甘鹿很诧异，说："蛛儿姑娘，你漂亮，也很讨人喜欢，但你想象力未免丰富了一点吧。"说罢，和母亲离开了。

蛛儿回到家，心想，佛祖既然安排了这场姻缘，为何不让他记得那件事，甘鹿为何对我没有一点的感觉？

几天后，皇帝下召，命新科状元甘鹿和长风公主完婚；蛛儿和太子芝草完婚。这一消息对蛛儿如同晴空霹雳，她怎么也想不到，佛祖竟然这样对她。几日来，她不吃不喝，穷究急思，灵魂就将出壳，生命危在旦夕。

太子芝草知道了，急忙赶来，扑倒在床边，对奄奄一息的蛛儿说道："那日，在后花园众姑娘中，我对你一见钟情，我苦求父皇，他才答应。如果你死了，那么我也就不活了。"说着就拿起了宝剑准备自刎。

就在这时，佛祖来了，他对快要出壳的蛛儿灵魂说："蜘蛛，你可曾想过，甘露（甘鹿）是由谁带到你这里来的呢？是风（长风公主）带来的，最后也是风将它带走的。甘鹿是属于长风公主的，他对你不过是生命中的一段插曲。而太子芝草是当年圆音寺门前的一棵小草，他看了你三千年，爱慕了你三千年，但你却从没有低下头看过它。蜘蛛，我再来问你，世间什么才是最珍贵的？"

蜘蛛听了这些真相之后，好像一下子大彻大悟了，她对佛祖说："世间最珍贵的不是'得不到'和'已失去'，而是现在能把握的幸福。"

刚说完，佛祖就离开了，蛛儿的灵魂也回位了，睁开眼睛，看到正要自刎的太子芝草，她马上打落宝剑，和太子深深的抱着……

111. 最幸福的靠山

入伍三年的小赵探亲回到县城，刚踏入家门，见父母阴沉着脸，失去了往日的笑容，人也仿佛苍老了许多。妹妹心情忧郁地站在旁边，想说什么，但看着爸爸、妈妈，欲言又止。

小赵放下行李，把妹妹拉到一旁，一再追问家里发生了什么事，妹妹才吞吞吐吐地说："哥哥，你三年没有回来，素梅她……她……另有男朋友了。"

妹妹的话好似晴天霹雳，小赵一下子瘫坐在椅子上，他怎么也没有想到会发生这样的事情。入伍三年来，自己哪一天不在想念她，深深的爱激励着他刻苦训练，可现在……小赵心情烦躁极了，真想立即找到她问个清楚。可他还是克制着屈辱和愤怒，他深知，维系爱情的不是强暴，而是感情，真正相亲、相知、相爱的感情。他想："难道恋爱不成，就必然反目为仇、实施报复吗？难道就没有其他选择吗？"

时隔两天，在经历了一场理智与感情的激烈交战之后，小赵踏入了女友孔素梅的家门。顿时，孔家的气氛紧张了。小赵却不怨不恨不怒，心平气和地对孔素梅说："素梅，我理解你的心情和处境，三年来，绿柳树旁你独自徘徊，还要时常牵挂我。前一阵子发生的事情，虽然出乎我的意料，但细细想来又在情理之中。在恋爱上，你有自由选择的权利，我也不能强求。今后，有什么困难需要我帮助，尽管写信告诉我……我们还是朋友，我们毕竟真诚地相爱过。"

一晃一年时间过去了，刚刚弥合失恋创伤的小赵，万万没有想到，已分手的女友素梅又来信了。信中称："我恨自己当初为了那点可怜的虚荣心而随'他'去广州，后悔自己当初涉世不深，真假难辨去干

178

那肮脏下流的'按摩'工作。现在,家里人不理我,亲友、邻居见了我像躲瘟神似的躲着我,还有流言蜚语压得我喘不过气来。孤独、寂寞、痛苦折磨着我,与其这样活受罪,还不如死掉痛快。我对不住你,不能求得你的宽恕。在我弥留人生之际,向你表示深深的忏悔……"

小赵看到这里,一种不祥的预感袭上心头。他想:她不是那种水性杨花的女人,只是经受不住大城市繁华生活的诱惑才走错了路,更何况她现在迷途知返,懂得珍惜感情,不管作为恋人还是朋友,我都应该在其绝境中拉她一把。他又想:我这样做有没有必要?别人会怎么议论呢?经过反复思考,他把自己的想法告诉了领导。得到支持后,小赵心急火燎地踏上了旅程。

家里人见到他,大吃一惊。听了他准备和素梅结婚的想法后,父亲立刻发火了:

"什么?你要和她结婚,你小子也不想想,当初她是怎么待你的。你不要把赵家祖宗的脸丢尽了。好马不吃回头草,你要长相有长相,要能耐有能耐,又不是讨不到媳妇。"

小赵得到的不是支持而是激烈的反对。

"素梅上了骗子的圈套,她是无辜的。她心灵的创伤,需要用温暖的双手和一颗火热的心去抚平,激发她对生活的信心,我不能看着她去死!"没有受到世俗羁绊的小赵,真是吃了秤砣铁了心。他对亲友说:"尽管她名声不好,但我爱她,你们爱怎么说就怎么说。"

他来到素梅家里,素梅躺在病床上,已经被人为的各种流言折磨得不成样子了。他向她倾吐了自己的心里话后,素梅哭诉了受骗经过后说:"小赵哥,我欠你的感情很多,不配当你的妻子,你去另找一个吧!看到你,我就心满意足了。"

"不,感情这事别人是代替不了的。当初你提出分手,我也有责任,只怪我给你的爱太少了。你放心,过去我爱你,现在和将来我一样爱你。"

179

不久，这对经历了磨难的恋人，在乡亲们的赞扬声和祝福声中，终于结为伉俪。

小赵对他的恋人确实十分宽容：当相爱三年的恋人背叛他时，他对她宽容；当她成为堕落的女人后又投向他时，他又对她宽容。这是别人不容易做到的，可是小赵却做到了。正因为他做到了，他终于得到了真正的爱情。

对素梅来说，小赵是自己人生中最幸福的靠山。

112. 化解仇恨的最好办法

前苏联著名作家叶夫图申科在《提前撰写的自传》中，讲到过这样一则十分感人的故事：1944 年的冬天，饱受战争创伤的莫斯科异常寒冷，两万德国战俘排成纵队，从莫斯科大街上依次穿过。

尽管天空中飘飞着大团大团的雪花，但所有的马路两边，依然挤满了围观的人群。大批苏军士兵和治安警察，在战俘和围观者之间，划出了一道警戒线，用以防止德军战俘遭到围观群众愤怒的袭击。这些老少不等的围观者大部分是来自莫斯科及其周围乡村的妇女。

她们之中每一个人的亲人，或是父亲，或是丈夫，或是兄弟，或是儿子，都在德军所发动的侵略战争中丧生。她们都是战争最直接的受害者，都对悍然入侵的德寇怀着满腔的仇恨。

当大队的德军俘虏出现在妇女们的眼前时，她们全都将双手攥成了愤怒的拳头。要不是有苏军士兵和警察在前面竭力阻拦，她们一定会不顾一切地冲上前去，把这些杀害自己亲人的刽子手撕成碎片。

俘虏们都低垂着头，胆战心惊地从围观群众的面前缓缓走过。

突然，一位上了年纪、穿着破旧的妇女走出了围观的人群。她平静地来到一位警察面前，请求警察允许她走进警戒线去好好看看这些俘虏。警察看她满脸慈祥，没有什么恶意，便答应了她的请求。于是，她来到了俘虏身边，颤巍巍地从怀里掏出了一个印花布包。打开，里面是一块黝黑的面包。她不好意思地将这块黝黑的面包，硬塞到了一个疲惫不堪、挂着双拐艰难挪动的年轻俘虏的衣袋里。年轻俘虏怔怔地看着面前的这位妇女，刹那间已泪流满面。他扔掉了双拐，"扑通"一声跪倒在地上，给面前这位善良的妇女，重重地磕了几个响头。其他战俘受到感染，也接二连三地跪了下来，拼命地向围观的妇女磕头。于是，整个人群中愤怒的气氛一下子改变了。妇女们都被眼前的一幕所深深感动，纷纷从四面八方涌向俘虏，把面包、香烟等东西塞给了这些曾经是敌人的战俘。

叶夫图申科在故事的结尾写了这样一句令人深思的话："这位善良的妇女，刹那之间便用宽容化解了众人心中的仇恨，并把爱与和平播种进了所有人的心田。"

113. 换东西

一对贫穷的老夫妇家里只剩匹马了，但又无用处，就想把它卖掉，以便换点有用的东西。

老头子牵着马去赶集了，他先与人换得一条母牛，又用母牛去换了一头羊，再用羊换来一只鹅，又由鹅换了母鸡，最后用母鸡换了别人的一大袋子烂苹果。每一次交换，他都想着要给老伴一个惊喜，而没想到他换得值不值。

当他扛着大袋子来到一家小酒店歇气时，遇上两个英国人。

闲聊中他谈到自己赶集的经过，两个英国人听了哈哈大笑，说他回去准得挨老婆子一顿臭骂。老头子坚称绝对不会，英国人就用一袋金币打赌，说如果他回家竟未受老伴任何责罚，金币就算输给他了，三人于是一起回到老头子家中。

老太婆见老头子回来了，非常高兴，又是给他拧毛巾擦脸又是端水解渴。

老头子讲赶集的经过，毫不隐瞒。每听老头子讲用一种东西换另一种东西时，她总是十分激动地予以肯定。"哦，我们有牛奶了"，"羊奶也同样好喝"，"哦，鹅毛多漂亮！""哦，我们有鸡蛋吃了！"最后听到老头子背回一袋已开始腐烂的苹果时，她同样不愠不恼，大声说："我们今晚就可以吃到苹果馅饼了！"说完搂着老头子，深情地吻他的额头……英国人输得心服口服。

114. 受伤的战士

二战期间，一支部队在森林中与敌军相遇，激战后两名战士与部队失去了联系。这两名战士来自同一个小镇。

两人在森林中艰难跋涉，他们互相鼓励、互相安慰。十多天过去了，仍未与部队联系上。这一天，他们打死了一只鹿，依靠鹿肉又艰难度过了几天，可也许是战争使动物四散奔逃或被杀光。这以后他们再也没看到过任何动物。他们仅剩下的一点鹿肉，背在年轻战士的身上。这一天，他们在森林中又一次与敌人相遇，经过再一次激战，他们巧妙地避开了敌人。就在自以为已经安全时，只听一声枪响，走在前面的年轻战士中了一枪——幸亏伤在肩膀上！后面的士兵惶恐地跑了过来，他害怕得语无伦次，抱着战友的身体泪流不止，并赶快把自己的衬衣撕下包扎战友的伤口。

晚上，未受伤的士兵一直念叨着母亲的名字，两眼直勾勾的。

他们都以为他们熬不过这一关了，尽管饥饿难忍，可他们谁也没动身边的鹿肉。天知道他们是怎么过的那一夜。第二天，部队救出了他们。

事隔30年，那位受伤的战士安德森说："我知道谁开的那一枪，他就是我的战友。当时在他抱住我时，我碰到他发热的枪管。我怎么也不明白，他为什么对我开枪？但当晚我就宽容了他。我知道他想独吞我身上的鹿肉，我也知道他想为了他的母亲而活下来。此后30年，我假装根本不知道此事，也从不提及。战争太残酷了，他母亲还是没有等到他回来，我和他一起祭奠了老人家。那一天，他跪下来，请求我原谅他，我没让他说下去。我们又做了几十年的朋友，我宽容了他。"

115. 著名剑手

欧玛尔是英国历史上唯一留名至今的剑手。他有一个与他势均力敌的敌手，他同他斗了三十年还不分胜负。在一次决斗中，敌手从马上摔下来，欧玛尔持剑跳到他身上，一秒钟内就可以杀死他。

但敌手这时做了一件事——向他脸上吐了一口唾沫。欧玛尔停住了，对敌手说："咱们明天再打。"敌手糊涂了。

欧玛尔说："三十年来我一直在修炼自己，让自己不带一点儿怒气作战，所以我才能常胜不败。刚才你吐我的瞬间我动了怒气，这时杀死你，我就再也找不到胜利的感觉了。所以，我们只能明天重新开始。"

这场争斗永远也不会开始了，因为那个敌手从此变成了他的学生，他也想学会不带一点儿怒气作战。

116. 巧克力饼干

朋友讲了自己的一个经历：上星期五我闹了一个笑话。我去伦敦买了点东西。我是去买圣诞节礼物的，也想为我大学的专业课找几本书。那天我是乘早班车去伦敦的，中午刚过我要买的都买好了。我不怎么喜欢呆在伦敦，太嘈杂，交通也太挤，此外那晚上我已经作好了安排，于是我便搭乘出租汽车去滑铁卢车站。说实在的，我本来坐不起出租车，只是那天我想赶3：30的火车回去。不巧碰上交通堵塞，等我到火车站时，那趟车刚开走了。我只好呆了一个小时等下趟车。我买了一份《旗帜晚报》，漫步走进车站的校部。在一天的这个时候校部里几乎空无一人，我要了一杯咖啡和一包饼干——巧克力饼干。我很喜欢这种饼干。空座位有的是，我便找了一个靠窗的。我坐下来开始做报上登载的纵横填字游戏。我觉得做这种游戏很有趣．

过了几分钟来了一个人坐在我对面，这个人除了个子很高之外没有什么特别的地方。可以说他样子很像一个典型的城里做生意的人——穿一身暗色衣服，带一个公文包。我没说话，继续边喝咖啡边做我的填字游戏。忽然他伸过手来，打开我那包饼干，拿了一块在他咖啡里蘸了一下就送进嘴里。我简直难以相信自己的眼睛！我吃惊得说不出话来。不过我也不想大惊小怪，于是决定不予理会。我总是尽量避免惹麻烦。我也就拿了一块饼干，喝了一口咖啡，再回去做我的填字游戏。这人拿第二块饼干时我既没抬头也没吱声。我假装对游戏特别感兴趣。过了几分钟我不在意地伸出手去，拿来最后一块饼干，瞥了这人一眼。他正对我怒目而视。我有点紧张地把饼干放进嘴里，决定离开。正当我准备站起身来走的时候，那人突然把椅子往后一推，站起来匆匆走了。我感到如释重负，准备呆两三分钟再走。我喝完咖啡，折好报纸站起身来。这时，我突然发现就在桌上我原来放报纸的地方摆着我的那包饼干。我刚才喝的咖啡马上都变成了汗水流了出来……

117. 富翁与儿子

从前有一个富翁，他有三个儿子，在他年事已高的时候，富翁决定把自己的财产全部留给三个儿子中的一个。可是，到底要把财产留给哪一个儿子呢？富翁于是想出了一个办法：他要三儿子都花一年时间去游历世界，回来之后看谁做到了最高尚的事情，谁就是财产的继承者。

一年时间很快就过去了，三个儿子陆续回到家中，富翁要三个人都讲一讲自己的经历。大儿子得意地说："我在游历世界的时候，遇到了一个陌生人，他十分信任我，把一袋金币交给我保管，可是那个人却意外去世了，我就把那袋金币原封不动地交还给了他的家人。"二儿子自信地说："当我旅行到一个贫穷落后的村落时，看到一个可怜的小乞丐不幸掉到湖里了，我立即跳下马，从河里把他救了起来，并留给他一笔钱。"三儿子犹豫地说："我，我没有遇到两个哥哥碰到的那种事，在我旅行的时候遇到了一个人，他很想得到我的钱袋，一路上千方百计地害我，我差点死在他手上。可是有一天我经过悬崖边，看到那个人正在悬崖边的一棵树下睡觉，当时我只要抬一抬脚就可以轻松把他踢到悬崖下，我想了想，觉得不能这么做，正打算走，又担心他一翻身掉下悬崖，就叫醒他，然后继续赶路了，这实在算不上什么有意义的经历。"富翁听完三个儿子的话后，点了点了头说道："诚实、见义勇为都是每一个应有的品质，称不上高尚。有机会报仇却放弃，反而帮助自己的仇人脱离危险的宽容之心才是最高尚的。我的全部财产就是老三的了。"

118. 认识骆驼

　　人们第一次看到骆驼的时候，立即被它那奇特的外表所惊骇了。

　　如山一样巨大的身躯，它站在那里，使人只能从它四条腿的中间相望。它隆起的背像两座山峰，那上面仿佛有白云飘过。它高高昂起的头好像要伸向天外，与宇宙去交谈，根本不将人放在眼里。人们看上去，骆驼完全是一副不可一世的样子。当骆驼迈开四条长腿向人们奔来的时候，人们不禁惊慌失措，被它吓得四处逃散。

　　当人们和骆驼渐渐熟悉的时候，就觉得它没有当初看见的那样吓人，仅而温顺柔和，可爱无比了。骆驼总是独来独住，迈着缓缓的步子，一步步地走来走去。它总是平静地生活着，从不骚扰人们，更不去骚扰家禽家畜，那温顺的性情使人们和家禽家畜都不由自主地去亲近它。

　　于是，人们打消了恐惧的念头，鼓起勇气去接近它。过了一段时间，人们偶尔喂一些食物给骆驼，要么就为它送去一点水。骆驼吃食物一点不动声色，静静地吃，喝水时更是温顺。有了这些接触，接着人们就敢伸出手去摸摸它黄褐色的长绒毛。这时，无论人们摸它身上的什么地方，它总是一副驯服的样子，既不鸣叫，也不伤人。

　　几个月过去了，人们对骆驼的恐惧感越来越少。最后，人们的恐惧感完全消失了。同时，对骆驼的认识也更加深入了。人们发现骆驼有许多优秀的品格：它吃苦耐劳，干活踏实，只需要少量的食物和水，从不过高地索取什么；它善于负重，有高度耐饥渴的能力，不怕风沙，最适于在沙漠中行走。从此，人们喜欢上了骆驼，让它在沙漠中来来往往地运送货物。人们称骆驼为沙漠之舟，并将它看作是人们最忠诚的伙伴。

第三章

学生热爱劳动教育的主题活动

1. "劳动光荣"主题班会活动方案

活动背景

小学学生生活自理能力比较差，根本谈不上什么劳动技能。尤其是现在这些孩子，独生子女比较多，几个家长照顾一个孩子，孩子更是什么活都不用干。记得有个儿童教育专家说现在的孩子能力极度欠缺，摔一跤都不会用手扶一下地，直接让脸着地。现在的孩子之所以会这样，就是什么都不干，既不动手又不动脑的结果。因此，在"五一"劳动节之际，安排了这次班级活动。

活动目的

（1）教育学生树立"劳动最光荣"的意识。

（2）通过本次活动，让学生初步认识劳动是光荣的，不劳动是可耻的。

（3）通过展示自己的劳动才能，品味劳动的愉悦感、自豪感。

活动准备

（1）学生和家长一起如实填写学生平时劳动情况调查表。

（2）观察、收集身边辛勤劳动的典型人物和事例。

（3）每个人选自己认为做得好的一种劳动（如穿衣、系鞋带、整理书包、扫地等），并在家练习，提高劳动技能。

（4）教师准备两个录像片段和部分图片。

活动过程

认识劳动的重要意义

导语：许多人十几岁就考上了大学，你羡慕他们吗？你想当这样的天才少年吗？让我们一起来看看这些天才少年的生活吧！

（1）播放视频资料：许多成功考入少年科技大学的学生并没有取得预期的成功，许多人头顶天才的光环在鲜花和掌声中风光无限地入校，入校之后却黯然失色，甚至被劝退。

你们知道是为什么吗？（让学生猜测原因：吸毒、打架……）

主持人：他们不成功的真正原因，是生活完全不能自理，连鞋带都不会系，衣服也不会洗，他的宿舍里到处都是脏衣服，他们根本无法独立生活。许多学生让家长陪读当他们的保姆。

（2）听了这些天才少年的故事，你有什么感受？

学生：我们应该热爱劳动，自己的事情自己做。

学生：我们不能衣来伸手，饭来张口，应该学会劳动，能够自己独立生活。

……

（3）你希望自己什么活都不干，将来也成为这样的天才少年吗？

学生：我不想这样。

学生：光学习好还不行，还要会劳动，自己会照顾自己，学会独立。

劳动体验

（1）主持人：你平时会做哪些劳动？（学生发言）

主持人：同学们最拿手的劳动本领是什么？谁最心灵手巧？让我们来个劳动技能大比拼，看看谁最棒！

拿出事先准备好的劳动工具。

学生选择自己最拿手的劳动技能：如擦窗、刷洗杯子、缝沙包、钉扣子、洗手绢、叠衣服等，向大家展示。（每组限时 3～5 分钟）

（2）展示成果。学生互评，评选"小巧手"。

（3）交流劳动感受：

学生：把活儿干好不容易，我还要好好学习。

学生：劳动使我心灵手巧，劳动创造了价值。

学生：我被评为"小巧手"，我真高兴。劳动最快乐，劳动最光荣。

……

教师小结：我们的社会需要劳动，劳动为我们创造了舒适的环境，劳动保障了我们的衣食住行，劳动使我们增长了智慧，劳动使我们心灵手巧，劳动推动了人类社会的发展，劳动让我们受益终生。不劳动，就不能创造社会价值。不劳动的人生，是没有价值的人生。

发出号召

主持人：大家今后有什么计划，和同学们交流交流吧！

学生分组交流，然后各组选代表全班交流。

老师发出号召：

（1）在家做个爱劳动的好孩子。学习独立生活的能力，做到生活自理，自己的事情自己做，不要事事都依赖家长。

（2）在校做个爱劳动的好学生，做一个德、智、体、美、劳全面发展的优秀人才。

拓展活动

（1）每天都在家帮父母做一件力所能及的家务劳动，坚持自己的事情自己做，并且把这个习惯保持下去。

（2）每周开展一次劳动表现评比，评选优秀值日生。

全体同学合唱《劳动最光荣》，活动结束。

活动效果评价：

（1）学生积极参与活动，发言踊跃，气氛活跃。

（2）学生们知道了劳动的重要意义，乐于参与劳动。

（3）小组活动更有秩序了，争当小组代表更积极了。

（4）班级工作开始抢着干了，也会干了。从一开始连地都不会扫到现在不用老师指导也能把教室整理得整整齐齐。

（5）许多家长反映学生在家不仅能够主动承担简单的家务，还主动帮家长洗脚、梳头、捶背、剪指甲……变得懂事了。

活动反思

学生们的许多劳动技能还需要慢慢学习，像钉扣子，虽然钉上了，可是布被线揪得皱巴巴的；擦窗玻璃，看起来擦完比不擦还脏；洗个小手绢，洗衣粉大把大把地用，盆子里的泡沫都流出来了；洗个杯子，失手掉地下好几次，瓷都磕掉好几块，要是玻璃或是瓷器的早粉身碎骨了。虽然没有期望学生凭借一次活动就心灵手巧，但是这么差的动手能力还是让人意外。所以，这次活动安排得很有意义。只有让学生树立"劳动最光荣"的意识，让他们乐于参与劳动，才能真正有效地锻炼他们的动手能力，我们的教育目的才能达到。

2. "爱劳动"主题班会活动方案

活动背景

现在的孩子如同天使般可爱，他们无忧无虑的背后，很多也一定有如公主般幸福的环境，他们大多数习惯了衣来伸手，饭来张口的生活。事实证明，大多数的孩子没有劳动的意识，面对这样的现状，学校特地举行"爱劳动"主题班会活动，以此活动培养学生热爱劳动的优良品质。

活动目的

（1）使学生进一步明确什么是公益劳动，怎样正确对待公益劳动，从而进一步培养学生为人民服务、热爱公益事业、团结协作、乐于助人的思想品质。

（2）使学生进一步明确一切的劳动成果都是来之不易的，从而培养学生养成珍惜劳动成果的行为习惯，并体现在日常生活中。

活动准备

（1）全班准备歌曲《咱们工人有力量》。

（2）四位学生准备小品。

（3）一学生准备名人故事。

（4）一学生准备诗歌朗诵。

（5）五学生准备小品。

（6）准备拼字游戏。

（7）主持人小结。

（8）班长准备倡议书。

（9）二位同学协助"爱公益劳动惜劳动成果"的签名活动

活动过程

导入

达·芬奇曾经说过："劳动一日可得一天的安眠，劳动一世可得幸福的长眠。"的确，只有亲自参加劳动的人，才能尊重劳动人民，才会懂得珍惜别人的劳动成果，才会懂得幸福的生活要靠劳动来创造。劳动是我们中华民族的传统美德。我们二十一世纪的中学生就更应该热爱公益劳动，珍惜劳动成果。那么，我们应该怎样热爱公益劳动，珍惜劳动成果呢？"五一"是国际劳动节，那让我们为这个全世界劳动人民的节日唱出劳动的赞歌吧。

全班齐声合唱革命歌曲《劳动最光荣》

主持人点拨：歌声唱出了热情，歌声唱出了力量。那么，我们之中又有多少人知道什么是公益劳动呢？

小品表演

（1）请同学表演小品《一件小事》。

（2）主持人点拨：确实，在我们之中还有些同学对公益劳动的认识还是不够的：

像小品中的小良同学因为怕苦、怕累、怕脏，怕给人笑话，看着处在危险中的盲人也不敢或者说不愿意去做。这一点又说明了什么呢？请学生讨论、发言。

学生讲助人为乐的故事

（1）请同学讲《毛泽东助人为乐的故事》。

（2）主持人点拨，使学生明确：

以上的故事告诉我们，就连我们的伟大领袖毛泽东同志也从小就养成了热爱公益劳动，乐于助人的好习惯，我们作为二十一世纪的新时代的学生，是不是更应该热爱公益劳动，珍惜劳动成果呢？我们应该怎么做呢？我们班也有些同学平时也很热爱公益劳动，珍惜劳动成果。

（表扬部分同学）

献给劳动者一首

请同学配乐诗朗诵我国著名诗人艾青的诗歌《给乌兰诺娃》。

小品表演

（1）请同学：

表演小品《粒粒皆辛苦》。

（2）主持人点拨：一粒饭，掉了真的不算什么吗？劳动成果真的是随手可得吗？学生讨论、发言。（指出部分同学不尊重父母、老师、同学等等的劳动成果的坏习惯，要求同学们改正）

拼字游戏

分组参与拼"劳动光荣，懒惰可耻"游戏，看谁拼得快。

班长宣读"热爱公益劳动，珍惜劳动成果"的倡议书

倡议同学们：从现在做起，从身边做起，从小事做起，把热爱公益劳动、珍惜劳动成果的行为习惯体现在日常的生活中吧！

签名活动

举行"热爱公益劳动，珍惜劳动成果"的签名活动。

活动反思

本次活动通过讲故事、表演文艺节目，让同学们明白了"劳动光荣，懒惰可耻，劳动是每一位有劳动能力的公民的职责"的道理，同时也让孩子们懂得了一切劳动都是艰苦的，只有尝到劳动的艰辛，才能懂得珍惜劳动成果。活动举行的很圆满，但也有缺憾，那就是没有让孩子们亲自体验一下劳动的艰辛，希望下次活动能够增加此项内容。